U0490897

本书出版受浙江省哲学社会科学规划项目（19NDQN368YB）和浙江省软科学计划项目（2020C35009）资助

·经济与管理书系·

制造业与生产性服务业的生产效率及产业关联研究

刘 潇 | 著

光明日报出版社

图书在版编目（CIP）数据

制造业与生产性服务业的生产效率及产业关联研究 / 刘潇著．-- 北京：光明日报出版社，2024.3

ISBN 978-7-5194-7848-3

Ⅰ．①制… Ⅱ．①刘… Ⅲ．①制造工业—服务业—产业发展—研究—中国 Ⅳ．①F426.4

中国国家版本馆 CIP 数据核字（2024）第 056644 号

制造业与生产性服务业的生产效率及产业关联研究

ZHIZAOYE YU SHENGCHANXING FUWUYE DE SHENGCHAN XIAOLÜ JI CHANYE GUANLIAN YANJIU

著　　者：刘　潇

责任编辑：刘兴华　　　　责任校对：宋　悦　董小花

封面设计：中联华文　　　　责任印制：曹　诤

出版发行：光明日报出版社

地　　址：北京市西城区永安路 106 号，100050

电　　话：010-63169890（咨询），010-63131930（邮购）

传　　真：010-63131930

网　　址：http://book.gmw.cn

E - mail：gmrbcbs@gmw.cn

法律顾问：北京市兰台律师事务所龚柳方律师

印　　刷：三河市华东印刷有限公司

装　　订：三河市华东印刷有限公司

本书如有破损、缺页、装订错误，请与本社联系调换，电话：010-63131930

开　　本：170mm×240mm

字　　数：94 千字　　　　印　　张：9.5

版　　次：2024 年 3 月第 1 版　　　　印　　次：2024 年 3 月第 1 次印刷

书　　号：ISBN 978-7-5194-7848-3

定　　价：85.00 元

版权所有　　翻印必究

前　言

制造业和生产者服务业是国民经济体系中两个重要的产业部门，其生产效率及彼此之间产业关联的测算结果可以作为经济发展决策的重要依据。本研究首先采用 Malmquist-DEA 法对我国京津冀地区和长三角地区制造业、生产性服务业及其子行业在 10~20 年期间的全要素生产率变化情况进行分析；然后基于需求驱动的多部门投入产出模型，对我国制造业与生产性服务业之间的产业关联进行测算，其中测算指标包括产业关联效应、产业关联贡献和产业关联系数。

研究发现：1. 京津冀地区制造业全要素生产率年均增长率高于长三角地区，但其制造业全要素生产率整体波动变化情况也较长三角地区更为明显；2. 京津冀地区和长三角地区生产性服务业具有相同水平的增长效率，但在 2004—2010 年前半段时期京津冀地区生产性服务业表现更优，而在 2011—2016 年后半段时期长三角地区生产性服务业表现更佳；3. 只有上海和北京的制造业属于效率型增长，江苏、浙江和河北仍然属于投入型增长，天津则介于两者之间；4. 技术进步是驱动京津冀和长三角地区以及六省市生产性服务业全要素生产率提升的主要因素，而相对较弱的技术利用能力则制约了其全要素生产率的进一步提升；5. 两地区六省市在不同行业领域表现各异，短板行业不尽相同；6. 我国制造业与生产者服务业的产业关联总体上不强，信息服务业和科技服务业是生产者服务业各子行业中的主要薄弱环节，中低科技服务业是制造业各子行业中的主要薄弱环节；7. 2002—2020 年期间，前半段我国制造业发展速度快于生产者服务业，后半段年则正好相反；8. 2010 年后，我国制造业的增长方式正从规模扩张向质量提升转变，而生产者服务业仍处于重数量而轻质量的阶段。

目　录
CONTENTS

第一章 绪　　论

第一节 研究背景和意义

制造业与生产性服务业是国民经济体系中非常重要的两类产业，其产业的发达与否直接体现了经济体生产力水平的高低。长期以来，制造业作为工业门类中技术含量最高、份额占比最大的一类产业，一直被视为国民经济的物质基础和产业主体，历来受广泛关注；而自 20 世纪 60 年代以来，随着制造业的发展和专业分工的细化，逐渐诞生了一类与制造业密切相关的服务产业，即生产性服务业，由于生产性服务业涉及农业、工业等产业多个环节，具有专业性强、创新性活跃、产业融合度高、带动作用显著等特点，自此概念提出以来，便日益受到学术界和产业界的重视。

国际经验表明，当经济体进入工业化后期或完成工业化，制造业乃至工业占经济总规模的比重将逐渐下降，而服务业所占比例逐渐上升，最终成为推动经济增长的新引擎。例如，近年来我国制造业增加值占GDP的比重由2013年的34.6%下降至2016年的28.8%，而服务业占比同期却由46.9%提升至2016年的51.8%[1]。基于“服务业生产效率通常低于制造业生产效率”这一广泛被接受的事实，不少学者认为我国产业结构的快速服务化是近年来经济“结构性减速”的主要原因之一，如乔晓楠和杨成林对成功跨越国家和尚未成功跨越国家的产业服务化指标和人均GDP进行回归分析，发现尚未成功跨越中等收入陷阱的国家的服务业与工业劳动生产率之比大多小于1，而成功跨越国家的比例则大多大于1，据此认为过早地去工业化与丧失效率的产业结构变迁可能是发展中国家陷入中等收入陷阱的一个重要原因[2]。不少国外学者也通过实证研究发现发展中国家自身的去工业化会给本国经济带来严重的负面影响，认为工业化在发展中国家经济发展进程中仍然扮演着至关重要的角色[3-5]。在我国工业化进程尚未结束而又叠加产业结构服务化不可逆转地继续深入的大背景下，大力发展先进制造业和以生产性服务业为代表的现代服务业，推动两者深度融合发展，不仅是应对当前经济下行压力的必然之举，也是增强产业核心竞争力、构建现代化经济体系、实现高质量发展的战略途径。由于制造业是生产性服务业产品服务的主要需求者，而生产性服务业对提升制造业质量和效益亦有明显的促进作用，两者具有密不可分的联系，故而在分别对制造业与生产性服务业生产效率进行分析的同时，对两者产业关联关系进行准确的数量分析、探究其与产业增长之间的发展规律，进而提出针对性政策建议便显得颇具意义。

为此，本研究以制造业与生产性服务业为研究对象，基于近10~20年来全国及部分重点地区行业统计数据对其生产效率及两者之间的产业关联效应展开研究，通过定量测度制造业与生产性服务业的生产效率以及两者之间的产业关联效应，探析两大产业的发展特征，最后通过数据分析及省际比较，总结提炼相关产业政策建议。总体而言，本研究有如下理论和现实意义。

理论意义：本研究以全要素生产率作为生产效率的测度指标，采用非参数法计算制造业与生产性服务业全要素生产率的变化率，有助于加深对制造业与生产性服务业全要素生产率特征的认知；本研究采用投入产出分析法从产业关联视角对制造业与生产性服务业的关联效应进行定量测度研究，且在分析时将产业自身发展机制和产业外部关联机制同时予以考虑，有助于丰富和拓展两者产业关联互动领域的研究。

现实意义：本研究紧扣我国及部分重点地区经济产业结构转型升级的发展背景，积极响应加快形成推动高质量发展政策体系的公共管理需求，研究成果有助于产业政策制定者更好了解不同区域制造业与生产性服务业的产业发展特征，对有效推动制造业与生产性服务业融合发展以及相关产业政策的制定具有一定参考借鉴意义。

第二节 相关研究综述

鉴于本研究的主题范围，此部分重点围绕国内外关于全要素生产率和产业关联领域的有关研究进行归纳梳理。

一、关于全要素生产率的研究综述

国际上，全要素生产率（Total Factor Productivity，TFP）通常被视为衡量经济体或产业生产效率最有效的经济指标，尽管国内一些学者基于国情对用全要素生产率衡量我国经济或产业生产效率有不同看法[6-8]，但这并不影响全要素生产率在国内众多生产效率评价场景的广泛使用。全要素生产率可以理解为各要素（如资本和劳动等）投入之外的技术进步和能力实现导致的产出增加，是剔除要素投入贡献后所得到的部分。对全要素生产率开展研究不仅可以识别经济是投入型增长还是效率型增长，从而确定经济增长的可持续性，而且能够为政府制定和评价长期可持续增长政策提供科学合理的参考依据。具体来说，通过全要素生产率增长对经济增长贡献与要素投入贡献的比较，就可以确定经济政策是应以增加总需求为主还是应以调整经济结构、促进技术进步为主[9]。全要素生产率主要有参数法和非参数法两种计算思路，早期普遍使用的参数法有索洛余值法、隐回归法等，近年来使用最为广泛的参数法是随机前沿生产函数法(Stochastic Frontier Approach, SFA)及其拓展改进方法，而非参数法则是综合运用 Malmquist 指数和数据包络分析理论(Data Envelopment Analysis, DEA)的 Malmquist-DEA 法(有时亦简称为 Malmquist 指数法)。

早期全要素生产率计算方法多采用的诸如 Cobb-Douglas 等生产函数只反映各投入因素与平均产出之间的关系，其一重要假设是所有生产者都能实现最优的生产效率。Farrell 在研究生产有效性问题时开创性地提出了前沿生产函数(Frontier Production Function)，允许实际生产效率低于最优生产效率从而放松了前述假设[10]，随机前沿生产函数即是在确定性的前沿生产函数基础上提出了具有复合扰动项的随机边界模型，目前被国内外学者广泛使用的随机前沿生产函数法大多基于 Battese 和 Coelli 的研究模型，该模型对技术无效率项的数学形式和技术无效率项与随机项的概率分布做出了假设[11]，张乐和曹静[12]、李胜文和李大胜[13]、杨青青等[14]国内学者即采取此模型计算我国农业、工业和服务业的全要素生产率。Malmquist-DEA 法中的 Malmquist 指数最早是由瑞典经济学家 Malmquist 在分析不同时期消费变化提出来的一种统计综合方法[15]，后来的 Fare 等对该指数的应用进行了扩展性研究以用于考察全要素生产率增长，并把全要素生产率的变动分解为技术进步的变动和技术效率的变动[16]，从而被广泛应用于各部门、企业甚至整个经济体生产效率的度量。Malmquist 指数是一种基于距离函数定义的指数，距离函数的求解大多有赖于 DEA 线性规划模型。赵伟等[17]、屈小娥等[18]、方福前和张艳丽[19]等国内学者即采取此方法计算我国不同行业的全要素生产率。总体而言，相较于随机前沿生产函数法，尽管 Malmquist -DEA 法存在不具备统计特征、固定的前沿面忽略了样本之间的差异性等缺点，但其不需要对生产函数的形式做先行假设条件，不涉及投入产出的数量和价格信息，且通过一阶差分消除了样本同方向的变化从而有效地弱化了数据质量对结果的影响[20]，加之其计算过程简洁、同样适用于面板数据分析，故本研究采用 Malmquist -DEA 法计算制造业与生产性服务业的全要素生产率。

二、关于产业关联的研究综述

总结国内外制造业与生产性服务业的产业关联效应研究，可以发现传统的计量分析法和投入产出法是两种可以较好刻画两者互动关系且应用较为普遍的分析方法。前者是一种相对间接的方法，主要是先提出预设的互动关系假设，然后多以国民经济宏观统计数据为基础，利用面板数据模型、脉冲响应模型等计量经济模型对生产性服务业或制造业进行统计意义上的回归分析，以此检验假设是否成立[21-24]。后者是一种相对直接的方法，主要是基于投入产出模型从复杂的投入产出数据中对经济系统关系进行数量分析进而提炼出观点，该方法对数据要求较前者更高，通常是以官方统计部门定期发布的投入产出表为数据源[25-30]。两种方法相比，虽然后者在数据即时性和可获取性等方面较第一种方法存在不足，但是其能更加客观地表征微观方面的业务内容及产出结果，克服前者“难以获取高质量的经济统计数据，而且当经济结构变化较大时，计量分析模型难以及时反映”的不足，因而研究结论较前者具有更高的稳健性[31]。由于本研究主要采取前述第二种思路，故重点对利用投入产出法分析制造业与生产性服务业产业关联效应的理论及应用研究进行综述。

（一）基于投入产出分析的产业关联理论研究

投入产出法是美国经济学家列昂惕夫（Leontief）于1936年首次提出的，主要运用投入产出表对经济问题进行定量分析，以发现产业间数量比重的一些规律从而为经济预测和经济计划服务[32]。由于数据可得性和计算机运算能力等方面的约束，早期投入产出理论和实证研究发展较为缓慢。20世纪50年代之后，随着美国劳动统计部门高度评价其统计预测的精确有用性，并将其纳入支持构筑政策框架的基础工具，学者们对投入产出模型进行了广泛的理论探讨和实际应用，各个层次的投入产出模型不断提出并发展起来。20世纪80年代末，我国经济主管部门和统计部门开始编制全国范围的投入产出表，目前投入产出技术作为国家宏观经济分析和产业调控的重要工具，已被广泛应用于生产分析、需求分析、价格分析、能源和环境分析等领域。产业关联效应则是赫希曼（Hirschman）基于不平衡发展理论提出的一种概念，用于衡量产业的相对重要性，以寻找驱动经济快速发展的关键产业[33]。当前基于投入产出技术的产业关联效应研究中，除了对直接和完全消耗系数、直接和完全分配系数、影响力和感应度系数、最终需求对生产的诱发系数等投入产出基础性系数分析外，动态投入产出模型、投入产出优化模型、空间投入产出模型等一批理论方法吸引了较多学者的关注。

动态投入产出模型。建立在投入产出表基础上的投入产出模型是静态的，然而社会经济是一个不断发展的运动过程，开展动态投入产出模型的研究势所必然，相关的研究主要分为以下几个方向。一是动态投入产出模型解的性质，如 Kieddrowski 和 Turnpike、Silva 和 Lima、Wu 和 Jiang 等学者的研究[34-36]。二是模型能控性、稳定性、灵敏度等的研究，如郭崇慧和唐焕文等学者的研究[37]。三是新型动态投入产出模型的研究，如 Kalmbach 和 Kurz 提出了变系数动态投入产出模型[38]；范德成和刘希宋将静态投入产出模型和宏观经济学的收入决定理论结合起来，提出一个基于变结构控制的动态投入产出模型[39]；Zhou 等人为了体现经济发展要求的多目标协调、均衡和科学发展性，提出了多目标动态投入产出模型[40]。总的来说，虽然动态模型可以给出国民经济各年的发展动态，但由于动态模型的复杂性，目前尚处于研究和试用阶段。

投入产出优化模型。该模型是将投入产出模型与最优化理论相结合的方法，在规划求解问题的目标约束条件下，考虑经济系统各个产业之间的生产关系约束，可用于在确定目标下选择最优规划方案或者在给定的经济条件下反映经济最佳运行过程。Dorfman 等结合线形规划对投入产出结构进行动态分析提出了高速增长模型(亦称为“大道模型”)[41]，Johansen 还运用一般均衡理论的基本思想，最早提出了可计算一般均衡模型(CGE model)，该模型一部分是用投入产出和线性规划相结合的方法进行描述的生产供给模型，另一部分是用需求函数表现的最终需求模型。国内一些学者(如那日萨和唐焕文等)也在投入产出优化模型的改进或求解方面予以探索[42]。近年来，随着现代数量分析方法在经济管理领域的广泛应用，诸如灰色系统理论、复杂性科学、经济对策论、非均衡论、非线性论和经济周期等方法的发展为投入产出技术的创新又提供了许多新的机遇，尽管这些融合方法在当前的应用场景还较少，但已成为投入产出技术理论创新的重要发展方向[43]。

空间投入产出模型。随着世界经济一体化的发展，以及空间经济学的兴起，基于一般均衡理论发展起来的空间投入产出分析模型，在研究区域产业关联问题上逐渐显示出其巨大的应用价值[44]。目前，世界上根据国际产业关联理论定期推出的国家间投入产出表主要有《欧盟国家间投入产出表》(*EUIIOT*)和《亚洲国际投入产出表》(*AIIOT*)，其中前者以 Isard 的地区间投入产出模型为基础[45]，而后者则以 Chenery 和 Moses 的多区域投入产出模型为基础构建[46]。在分析产业关联时，静态分析通常难以反映区域经济和产业发展的变动状况，而在动态分析于国家间产业关联应用中尚未得到有效应用的约束前提下，结构分解技术常常被应用在多区域/地区间投入产出模型的比较静态分析[47]。Miller 和 Blair 较早地将结构分解技术纳入投入产出模型中的理论扩展和实际应用中[48]。在结构分解技术关于产出变动模型的基础上，Oosterhaven 和 Hoen 提出的模型在分析亚太地区产业关联和增加值分配时得到了广泛的应用[49]。

（二）基于投入产出分析的产业关联效应应用研究

欧美等发达国家学者从 20 世纪 60 年代就开始关注生产性服务业，利用投入产出分析对制造业与生产性服务业产业互动研究起步较早，在产业关联方面也取得了颇为丰富的成果。Antonelli 基于意大利、法国、英国和德国 20 世纪 80 年代后半期的投入产出数据，分析了信息和通信技术（ICT）与知识密集型商务服务业（KIBS）之间的“协同演进”（co-evolution）关系以及它们的产出弹性[50]。Windrum 和 Tomlinson 比较分析了英国、德国、荷兰和日本四国知识密集型服务业（KIS）对国民产出和生产率的影响[51]。Guerrieri 和 Meliciani（2005）对丹麦、英国、德国、法国、日本和美国六国生产性服务业与三次产业的产业关联也进行了实证研究[52]。近年来，国外开始出现通过实地调研、问卷调查、深度访谈等微观企业调查方法甚至试图编制企业层面的投入产出表对两者互动关系进行研究，这类研究目前在国内还比较少，但可能是未来应用研究发展的一个趋势。

国内关于制造业与生产性服务业产业关联效应的应用研究起步较晚，绝大部分研究都在 2000 年以后，主要原因可能是进入 21 世纪以后，我国生产性服务业规模不断扩大，对国民经济的影响日益显现，从而吸引了众多学者的研究关注，如申玉铭等以中国 1997 年和 2002 年投入产出数据为基础对中国生产性服务业的产业关联效应进行分析，发现生产性服务业主要为第二产业服务，对第三产业的支撑、引领作用不足，第二产业尤其是制造业对生产性服务业的中间需求比重趋于下降，而投入第三产业的中间服务不断上升[53]；刘书瀚等基于投入产出表探究了我国 1997 年、2002 年和 2007 年三个时期制造业与生产性服务业的关联水平，结果表明两者呈现出显著的互动关系，但关联效应仍处于较低水平[54]；黄莉芳等利用相关投入产出数据，研究了我国生产性服务业在多个年份的变化过程，发现我国生产性服务业同制造业关联水平薄弱，并据此认为需要协调两者之间的行业特征及发展方式[55]；张亚军等将区域投入产出模型中用到的结构分解技术，研究了产业的内生增长情况，研究发现生产性服务业对制造业存在至关重要的溢出效应，而制造业对生产性服务业的溢出效益则不太明显[56]；余典范等利用 1987—2010 年间中国投入产出表以及相应年份的延长表，运用投入产出分析方法全面测算并比较了服务业与制造业之间关联变化的特征，发现中国制造业和服务业的关联效应总体上趋于上升的态势，制造业对经济增长的拉动作用远远高于服务业，制造驱动经济发展在产业关联上具有显著的特征[57]。

（三）产业关联研究评述

综上所述，尽管目前针对制造业与生产性服务业产业关联效应的研究并不少，但是有关研究尤其是国内研究存在以下几方面的不足和缺失：

1. 新的关联效应理论模型应用不足。不少国外较为成熟的产业关联效应理论研究模型在国内应用不够，目前国内采用投入产出分析法对两产业互动关系开展研究的文献对投入产出表中的数据挖掘仍然偏浅，多数停留在对直接消耗系数、直接分配系数等关键指标的简单比较，或者先计算生产性服务业或制造业的影响力系数和感应度系数，然后将系数按细分行业进行简单分解以求得来自制造业或生产性服务业的解释部分。

2. 大多制造业与生产性服务业产业关联效应的研究多忽略两者之外其他产业的影响，有的甚至忽略自身内部的影响。出于简化考虑，现有文献在对制造业与生产性服务业关系进行研究时往往将两者视为独立完整的产业部门，将第一产业、除制造业外的第二产业、除生产性服务业外的第三产业对两者的影响予以忽略，或者将产业内部发展机制与产业外部关联机制分开考虑甚至仅考虑产业外部的关联机制。

3. 对制造业与生产性服务业的细分行业研究不足。在目前的文献中，大多数研究将生产性服务业或制造业作为一个行业整体进行分析，对细分行业产业关联效应进行系统性分析的研究不足。生产性服务业或制造业的细分行业在发展水平、产业特征和投入产出结构上有显著的差异，对生产性服务业或制造业整体分析虽然能够反映其整体特点，但是会忽略细分行业的个体差异。

第二章　研究方法

第一节　全要素生产率的测算

根据 Malmquist 指数原理，在 t 时期的技术条件下，从 t 时期到 $t+1$ 时期的全要素生产率的变化设定为：

$$M^t = D_c^t(x^{t+1}, y^{t+1})/D_c^t(x^t, y^t) \qquad 式(2-1)$$

式(2-1)中，D_c为距离函数，下标 c 表示基于不变规模报酬的距离函数，与基于可变规模报酬的距离函数 D_v 相对应。距离函数可以理解为全要素生产率在 t 时期的实际值与前沿生产面(可能的最大值)之间的比值，值越大表示实际生产越接近前沿生产面。x 表示投入变量，y 表示产出变量。

同理，在 $t+1$ 时期的技术条件下，从 t 时期到 $t+1$ 时期的全要素生产率的变化可表示为：

$$M^{t+1} = D_c^{t+1}(x^{t+1}, y^{t+1})/D_c^{t+1}(x^t, y^t) \qquad 式(2-2)$$

由于基于 t 时期和 $t+1$ 时期的技术条件定义的指数在经济含

义上是对称的，故从 t 时期到 $t+1$ 时期的全要素生产率的变化，即全要素生产率指数(ΔTFP)，用两者的几何平均数来表示：

$$\Delta TFP = \sqrt{[D_c^t(x^{t+1}, y^{t+1})/D_c^t(x^t, y^t)] \times [D_c^{t+1}(x^{t+1}, y^{t+1})/D_c^{t+1}(x^t, y^t)]}$$

式(2-3)

若ΔTFP 大于 1，表示从 t 时期到 $t+1$ 时期，全要素生产率是增长的；若小于 1 时，则表示全要素生产率是下降的；若等于 1，则表示全要素生产率没有变化。全要素生产率指数可以进一步分解为技术效率指数(ΔTE)和技术进步指数(ΔTP)，其中技术效率指数是规模报酬不变且要素自由处置条件下的技术效率的变化率，表示对前沿生产面的追赶程度，若该值大于 1，表示生产更接近前沿生产面，利用技术的能力有所提高，反之则有所下降；技术进步指数是指技术进步的变化率，反映了前沿生产面的变动情况，若该值大于 1，表示前沿生产面“向外”扩张，技术出现进步，反之则有所退化。技术效率指数又可进一步分解为纯技术效率指数(ΔPE)和规模效率指数(ΔSC)，其中纯技术效率指数则与技术效率指数类似，反映了扣除规模效应后对前沿生产面的追赶程度；规模效率指数是规模效率的变化率，反映了规模报酬的变动，若该值等于 1，则说明生产活动服从规模报酬不变，处在最优的生产规模上，反之则说明生产活动存在规模无效率。

由于 Ray 等学者与 Fare 等学者就技术进步指数应采取基于不变规模报酬距离函数还是基于可变规模报酬距离函数尚有分

歧[58][59]，因此全要素生产率指数有两种略有差异的分解形式①。Lovell、章祥荪等国内外学者认为 Ray 等的指数分解模型更具解释力[60][61]，因为 Fare 等的模型中技术进步不是现实技术进步而是参照技术的进步；但江春等认为虽然 Ray 等的指数分解模型在微观研究层面更具说服力，但是针对宏观层面的研究，Fare 等的分解模型更加贴近实际[62]。由于研究对象为偏宏观的具体产业，故本研究仍采取 Fare 等的指数分解模型，分解过程如式(2-4)~式(2-8)所示。

$$\Delta TFP = \Delta TE \times \Delta TP = \Delta PE \times \Delta SC \times \Delta TP \qquad 式(2-4)$$

$$\Delta TE = D_c^{t+1}(x^{t+1}, y^{t+1})/D_c^t(x^t, y^t) \qquad 式(2-5)$$

$$\Delta TP = \sqrt{[D_c^t(x^{t+1}, y^{t+1})/D_c^{t+1}(x^{t+1}, y^{t+1})] \times [D_c^t(x^t, y^t)/D_c^{t+1}(x^t, y^t)]} \qquad 式(2-6)$$

$$\Delta PE = D_v^{t+1}(x^{t+1}, y^{t+1})/D_v^t(x^t, y^t) \qquad 式(2-7)$$

$$\Delta SC = \frac{D_c^{t+1}(x^{t+1}, y^{t+1})/D_v^{t+1}(x^{t+1}, y^{t+1})}{D_c^t(x^t, y^t)/D_v^t(x^t, y^t)} \qquad 式(2-8)$$

根据有关距离函数的定义[63]，s 时期(s 通常取 $t-1$，t，$t+1$)的实际生产活动相对于 t 时期前沿生产面的基于不变规模报酬的距离函数 D_c 和基于可变规模报酬的距离函数 D_v 分别如式(2-9)和式(2-10)所示：

① 两种分解方式中，技术进步指数(ΔTP)、规模效率指数(ΔSC)和技术效率指数(ΔTE)的表达形式不同，但全要素生产率指数(ΔTFP)和纯技术效率指数(ΔPE)的表达形式仍然一致。

$$D_c^t(x^s,\ y^s) = \inf\{\theta \mid (x^s,\ y^s \mid \theta \in S_c^t\}$$

$$= (\sup\{z \mid (x^s,\ zy^s) \in S_c^t\})^{-1} \qquad 式(2-9)$$

$$D_v^t(x^s,\ y^s) = \inf\{\theta \mid (x^s,\ y^s \mid \theta \in S_v^t\}$$

$$= (\sup\{z \mid (x^s,\ zy^s) \in S_v^t\})^{-1} \qquad 式(2-10)$$

式(2-9)和式(2-10)中的 S_c^t 和 S_v^t 分别为 t 时期在规模报酬不变和规模报酬可变条件下的生产可能集合，具体数学表达形式如式(2-11)和式(2-12)所示：

$$S_c^t = \left\{(x^t,\ y^t) \mid x^t \geqslant \sum_{k=1}^{K} \lambda^{k,\,t} x^{k,\,t};\ y^t \leqslant \sum_{k=1}^{K} \lambda^{k,\,t} x^{k,\,t};\ \lambda^{k,\,t} \geqslant 0,\ k = 1,\ 2,\ \cdots,\ K\right\} \qquad 式(2-11)$$

$$S_v^t = \left\{(x^t,\ y^t) \mid x^t \geqslant \sum_{k=1}^{K} \lambda^{k,\,t} x^{k,\,t};\ y^t \leqslant \sum_{k=1}^{K} \lambda^{k,\,t} x^{k,\,t};\ \lambda^{k,\,t} \geqslant 0,\ \sum_{k=1}^{K} \lambda^{k,\,t} = 1,\ k = 1,\ 2,\ \cdots,\ K\right\} \qquad 式(2-12)$$

由于距离函数 D_c 和 D_v 恰好是 DEA 理论中 CCR 模型和 BCC 模型最优值的倒数，故结合 DEA 线性规划方法，即可计算出前述 ΔTFP、ΔTE、ΔTP、ΔPE 和 ΔSC 等各项指数。

第二节 产业关联的测度

假设整个经济系统包含 n 个 $(n \geqslant 2)$ 产业部门，每个产业部门又包含一个或多个子行业。用上标表示产业部门，如 Ind^p

($pInd_u^p\{1, 2, \ldots, n\}$)；用下标表示其中的子产业，如 Ind_u^p ($uInd^p\{1, 2, \ldots, m_p\}$)，其中 m_p 为 Ind^p 中子行业的数量。X 表示整个经济系统的总产出，X^p 表示 Ind^p 的总产出，X_u^p 表示 Ind_u^p 的总产出；同理，Y 代表整个经济系统的最终需求，Y^p 表示 Ind^p 的最终需求，Y_u^p 表示 Ind_u^p 的最终需求，值得一提的是，如果研究对象为开放经济系统，那么最终需求还包含净出口的部分。X 和 Y 都是由产业部门的总产值或最终需求构成的列向量，而 X^p 和 Y^p 也都是由子行业的总产值或最终需求构成的列向量，如 $X=[X^1, X^2, \cdots, X^n]^t$，$Y=[Y^1, Y^2, \cdots, Y^n]^t$；$X^p=[X_1^p, X_2^p, \cdots, X_{m_p}^p]^t$，$Y^p=[Y_1^p, Y_2^p, \cdots, Y_{m_p}^p]^t$。

根据经典的需求驱动的投入产出理论，总产出与最终需求之间的数量关系可以表示为：

$$AX+Y=X \qquad \text{式(2-13)}$$

在多部门投入产出的情况下，式(2-13)可改写如下：

$$\begin{bmatrix} A^{11} & A^{12} & \cdots & A^{1n} \\ A^{21} & A^{22} & \cdots & A^{2n} \\ \cdots & \cdots & \cdots & \cdots \\ A^{n1} & A^{n2} & \cdots & A^{nn} \end{bmatrix} \begin{bmatrix} X^1 \\ X^2 \\ \cdots \\ X^n \end{bmatrix} + \begin{bmatrix} Y^1 \\ Y^2 \\ \cdots \\ Y^n \end{bmatrix} = \begin{bmatrix} X^1 \\ X^2 \\ \cdots \\ X^n \end{bmatrix} \qquad \text{式(2-14)}$$

其中，A 是整个经济系统的投入系数矩阵，A^{pq} 是 A 中的一个子矩阵，由表示单位产出的直接消耗的元素 a_{uv}^{pq} 组成，a_{uv}^{pq} 表示子行业 Ind_v^q 的一单位总产出对子行业 Ind_u^p 的直接消耗($q\{1, 2, \ldots,$

$m_p\})$；$v \in \{1, 2, \cdots, m_p\}$。经过一系列数学推导，式(2-14)可以转化为如下形式：

$$X = \begin{bmatrix} X^1 \\ X^2 \\ \cdots \\ X^n \end{bmatrix} = (I - A)^{-1}Y = BY = \begin{bmatrix} B^{11} & B^{12} & \cdots & B^{1n} \\ B^{21} & B^{22} & \cdots & B^{2n} \\ \cdots & \cdots & \cdots & \cdots \\ B^{n1} & B^{n2} & \cdots & B^{nn} \end{bmatrix} \begin{bmatrix} Y^1 \\ Y^2 \\ \cdots \\ Y^n \end{bmatrix}$$

式(2-15)

其中，B 是整个经济系统的列昂惕夫逆矩阵，B^{pq} 是其子矩阵。B 就是需求驱动的投入产出模型中所谓的乘数，它表示总产出与最终需求之间的乘数关系。

参考区域间投入产出模型的研究[64-67]，整个经济系统的总产出或列昂惕夫逆矩阵 B 可以分解为区域内乘数效应、区域间溢出效应和区域间反馈效应三个部分。当把产业部门视作为区域时，整个经济系统的总产出或列昂惕夫逆矩阵 B 也同样可以分解为产业内乘数效应、产业间溢出效应和产业间反馈效应三个部分。为了具体区分，本研究将总产出中的分解成分命名为产业内乘数效应、产业间溢出效应和产业间反馈效应，将列昂惕夫逆矩阵 B 中的分解成分命名为产业内乘数效应系数矩阵、产业间溢出效应系数矩阵和产业间反馈效应系数矩阵，分别标注为 M、S 和 F。

产业内乘数效应是一种产业内部效应，一个产业部门的产业内乘数效应是指在一个只包含这个产业部门的投入产出系统中，其最终需求的增加所引起的产出，它表明这个产业部门的自生能力。产业间溢出效应是一种外部关联效应，一个产业部门的溢出效应是指其最终需求的增加所引起的其他产业部门的产出，它表明该产业部门的影响能力。在本研究中，为了便于分析产出结构，引入了“产业间传入溢出效应”的概念，这与产业间溢出效应正好相反。一个产业部门的产业间传入溢出效应是指其余产业部门的最终需求增加所引起的产出。产业间反馈效应也是一种外部关联效应，一个产业部门的产业间反馈效应是指其最终需求的增加经过乘数效应后所诱发的产出，即本产业部门的技术、产品或服务转移到其他产业部门，再回到自身。

列昂惕夫逆矩阵 B 有两种不同的分解方式，即乘法分解和加法分解，其中三个分解成分分别标为 M_m、S_m、F_m 和 M_a、S_a、F_a。两种分解结果如下所示：

$$B = F_m S_m M_m$$

$$= \begin{bmatrix} F^{11} & 0 & \cdots & 0 \\ 0 & F^{22} & \cdots & 0 \\ \cdots & \cdots & \cdots & \cdots \\ 0 & 0 & \cdots & F^{nn} \end{bmatrix} \begin{bmatrix} I & S^{12} & \cdots & S^{1n} \\ S^{21} & I & \cdots & S^{2n} \\ \cdots & \cdots & \cdots & \cdots \\ S^{n1} & S^{n2} & \cdots & I \end{bmatrix} \begin{bmatrix} M^{11} & 0 & \cdots & 0 \\ 0 & M^{22} & \cdots & 0 \\ \cdots & \cdots & \cdots & \cdots \\ 0 & 0 & \cdots & M^{nn} \end{bmatrix}$$

式(2-16)

$$B = M_a + S_a + F_a = \begin{bmatrix} M^{11} & 0 & \cdots & 0 \\ 0 & M^{22} & \cdots & 0 \\ \cdots & \cdots & \cdots & \cdots \\ 0 & 0 & \cdots & M^{nn} \end{bmatrix}$$

$$+\begin{bmatrix} 0 & F^{11}S^{12}M^{22} & \cdots & F^{11}S^{1n}M^{nn} \\ F^{22}S^{21}M^{11} & 0 & \cdots & F^{22}S^{2n}M^{nn} \\ \cdots & \cdots & \cdots & \cdots \\ F^{nn}S^{n1}M^{11} & F^{nn}S^{n2}M^{22} & \cdots & 0 \end{bmatrix}$$

$$+\begin{bmatrix} (F^{11}-I)M^{11} & 0 & \cdots & 0 \\ 0 & (F^{22}-I)M^{22} & \cdots & 0 \\ \cdots & \cdots & \cdots & \cdots \\ 0 & 0 & \cdots & (F^{nn}-I)M^{nn} \end{bmatrix} \quad 式(2\text{-}17)$$

其中，M^{pp} 、S^{pq} 和 F^{pp} 定义如式(2-18)~(2-20)所示：

$$M^{pp}=(I-A^{pp})^{-1} \quad 式(2\text{-}18)$$

$$F^{pp}=B^{pp}(I-A^{pp}) \quad 式(2\text{-}19)$$

$$S^{pq}=(B^{pp}-B^{pp}A^{pp})^{-1}B^{pq}(I-A^{qq}) \quad (p\neq q) \quad 式(2\text{-}20)$$

由于加法分解在经济意义上比较容易理解，对于产出分析也比较直观，所以本研究只采用该法而不是乘法分解，即后述内容中的 M、S、F 分别用式(2-17)中 M_a、S_a、F_a来表示，即：

$$M=\begin{bmatrix} M^{11} & 0 & \cdots & 0 \\ 0 & M^{22} & \cdots & 0 \\ \cdots & \cdots & \cdots & \cdots \\ 0 & 0 & \cdots & M^{nn} \end{bmatrix} \quad 式(2\text{-}21)$$

$$S = \begin{bmatrix} 0 & F^{11}S^{12}M^{12} & \cdots & F^{11}S^{1n}M^{nn} \\ F^{22}S^{21}M^{11} & 0 & \cdots & F^{22}S^{2n}M^{nn} \\ \cdots & \cdots & \cdots & \cdots \\ F^{nn}S^{n1}M^{11} & F^{nn}S^{n2}M^{22} & \cdots & 0 \end{bmatrix} \quad \text{式(2-22)}$$

$$F = \begin{bmatrix} (F^{11} - I)M^{11} & 0 & \cdots & 0 \\ 0 & (F^{22} - I)M^{22} & \cdots & 0 \\ \cdots & \cdots & \cdots & \cdots \\ 0 & 0 & \cdots & (F^{nn} - I)M^{nn} \end{bmatrix} \quad \text{式(2-23)}$$

产业间溢出效应系数矩阵 S 可以进一步分解为两部分，分别表示第一轮和其余轮对产出的影响。在本研究中，将这两部分命名为直接产业间溢出效应系数矩阵 S_d 和间接产业间溢出效应系数矩阵 S_i，如下所示：

$$S = S_d + S_i = \begin{bmatrix} 0 & S^{12}M^{22} & \cdots & S^{1n}M^{nn} \\ S^{21}M^{11} & 0 & \cdots & S^{2n}M^{nn} \\ \cdots & \cdots & \cdots & \cdots \\ S^{n1}M^{11} & S^{n2}M^{22} & \cdots & 0 \end{bmatrix}$$

$$+ \begin{bmatrix} 0 & (F^{11} - I)S^{12}M^{22} & \cdots & (F^{11} - I)S^{1n}M^{nn} \\ (F^{22} - I)S^{21}M^{11} & 0 & \cdots & (F^{22} - I)S^{2n}M^{nn} \\ \cdots & \cdots & \cdots & \cdots \\ (F^{nn} - I)S^{n1}M^{11} & (F^{nn} - I)S^{n2}M^{22} & \cdots & 0 \end{bmatrix}$$

式(2-24)

所以，在多部门投入产出模型中，整个经济系统的列昂惕夫逆矩阵 B 可以分解如下：

$$B=\begin{bmatrix} F^{11}M^{11} & F^{12}S^{12}M^{22} & \cdots & F^{11}S^{1n}M^{nn} \\ F^{22}S^{21}M^{11} & F^{22}M^{22} & \cdots & F^{22}S^{2n}M^{nn} \\ \cdots & \cdots & \cdots & \cdots \\ F^{nn}S^{n1}M^{11} & F^{nn}S^{n2}M^{22} & \cdots & F^{nn}M^{nn} \end{bmatrix} \quad 式(2-25)$$

在这种分解的基础上，式(2-15)所示的总产出和最终需求的关系可以改写如下：

$$\begin{bmatrix} X^1 \\ X^2 \\ \cdots \\ X^n \end{bmatrix} = M \times \begin{bmatrix} Y^1 \\ Y^2 \\ \cdots \\ Y^n \end{bmatrix} + S \begin{bmatrix} Y^1 \\ Y^2 \\ \cdots \\ Y^n \end{bmatrix} + F \times \begin{bmatrix} Y^1 \\ Y^2 \\ \cdots \\ Y^n \end{bmatrix} \quad 式(2-26)$$

式(2-26)可简写如下：

$$X^p = M^{pp}Y^p + \sum_q F^{pp}S^{pq}M^{qq}Y^q + (F^{pp} - I)M^{pp}Y^p(q \neq p) \quad 式(2-27)$$

由于式(2-15)是一种矩阵表达式，当定义 $\overline{X^p}$ 为 X^p 中元素值的总和时，Ind^p 总产出的代数表达式可以表示如下：

$$\overline{X^p} = eX^p = eM^{pp}Y^p + e\sum_q F^{pp}S^{pq}M^{qq}Y^q + e(F^{pp} - I)M^{pp}Y^p(q \neq p) \quad (2-28)$$

其中，e 是列求和运算符，即 $e=[1, 1, ..., 1]$。Ind_u^p 总产出 X_u^p 的代数表达式也可写成如下：

$$X_u^p = eX^p = eM^{pp}Y^p + e_u \sum_q F^{pp}S^{pq}M^{qq}Y^q + e_u(F^{pp} - I)M^{pp}Y^p (q \neq p) \qquad 式(2-29)$$

其中，e_u是一个包含 m_p元素的行向量，其中 Ind_u^p 相对应的元素为1，其余为0，即 $e_u=[0, ..., 1, ..., 0]$。

根据式(2-28)和式(2-29)的加法分解，产业部门及其子行业的产业内乘数效应、产业间传入溢出效应和产业间反馈效应的代数表达式如表2-1所示。

分别用 $M(Z)$、$S(Z)$、$F(Z)$ 表示 Z（Z 是 Ind^p 或 Ind_u^p）的产业内乘数效应、产业间传入溢出效应和产业间反馈效应。本研究采用 $M(Z)$ 表示 Z 的产业内部效应，采用 $S(Z)+F(Z)$ 表示 Z 的外部关联效应，$S(Z)$ 表示完全由其他产业部门的最终需求所诱发的产出，在本研究中称为第一类外部关联效应；$F(Z)$ 指的是在仅包含该产业部门的经济体中，该产业部门的最终需求所诱发的产出与包含多产业部门的实际经济体中的产出之差，在本研究中称为第二类外部关联效应。

表 2-1 需求驱动的多部门投入产出模型中的三种效应

产业或子行业	总产出	产业内乘数效应	产业间传入溢出效应	来自 Ind^q 的产业间传入溢出效应	产业间反馈效应
Ind^p	$\overline{X^p}$	$eM^{pp}Y^p$	$e\sum_q F^{pp}S^{pq}M^{qq}Y^q$ $(q \neq p)$	$eF^{pp}S^{pq}M^{qq}Y^q$ $(q \neq p)$	$e(F^{pp}-I)M^{pp}Y^p$
Ind_u^p	X_u^p	$e_uM^{pp}Y^p$	$e_u\sum_q F^{pp}S^{pq}M^{qq}Y^q$ $(q \neq p)$	$e_uF^{pp}S^{pq}M^{qq}Y^q$ $(q \neq p)$	$e_u(F^{pp}-I)M^{pp}Y^p$

本研究采用产业内部效应和外部关联效应在总产出中的比例来描述一个产业部门或其子产业的产出结构特征。$M(Z)$在总产出中的比例表示该产业部门(若Z为Z是Ind^p)或该子产业所属的产业部门(若Z为Ind_u^p)对Z的总产出的贡献，数值越高表示Z的自生能力就越强；$S(Z)+F(Z)$在总产出中的比例表示外部产业部门对Z的总产出的贡献，数值越高表示Z对其他产业部门的依赖性就越大。Z的产业内部效应和外部关联效应如表2-2所示。

表2-2　Z的产业内部效应和外部关联效应

产业或子行业	产业内部效应	外部关联效应
Ind^q	$eM^{pp}Y^p$	$\overline{X^p} - eM^{pp}Y^p$
Ind_u^q	$e_uM^{pp}Y^p$	$X_u^p - e_uM^{pp}Y^p$

将$S(Ind^q, Z)$表示为从Ind^q到Z的产业间传入溢出效应，本研究采用$S(Ind^q, Z)$来衡量从Ind^q到Z的产业关联效应，如上所述，$S(Ind^q, Z)$可以进一步分解为两部分，分别代表从Ind^q到Z的产业直接关联效应和间接关联效应，如下所示：

$$S(Ind^q, Ind^q) = eF^{pp}S^{pq}M^{qq}Y^q = eS^{pq}M^{qq}Y^q + e(F^{pp} - I)S^{pq}M^qqY^q$$

式(2-30)

$$S(Ind^q, Ind_u^q) = e_uF^{pp}S^{pq}M^{qq}Y^q = e_uS^{pq}M^{qq}Y^q + e_u(F^{pp} - I)S^{pq}M^qqY^q$$

式(2-31)

本研究采用$S(Ind^q, Z)$占Z总产值的比例来衡量产业关联效应的贡献，命名为产业关联贡献，记为$LinkC(Ind^q, Z)$，采用

$S(Ind^q, Z)$ 与最终需求的比值来衡量产业关联效应的效率，命名为产业关联系数，记为 $LinkE(Ind^q, Z)$。$LinkC(Ind^q, Z)$ 和 $LinkE(Ind^q, Z)$ 如下所示：

$$LinkC(Ind^q, Ind^p) = S(Ind^q, Ind^p) / \overline{X^p} \quad \text{式(2-32)}$$

$$LinkC(Ind^q, Ind_u^p) = S(Ind^q, Ind_u^p) / \overline{X_u^p} \quad \text{式(2-33)}$$

$$LinkE(Ind^q, Ind^p) = S(Ind^q, Ind^p) / eY^q \quad \text{式(2-34)}$$

$$LinkE(Ind^q, Ind_u^p) = S(Ind^q, Ind_u^p) / eY^q \quad \text{式(2-35)}$$

产业关联效应表示从某一产业部门到另一产业部门或其子产业的绝对流量值规模；产业关联贡献表示产业关联效应对总产出的贡献，即从某一产业部门到另一产业部门或其子产业的相对流量值规模；产业关联系数表示产业关联效应的效率，即从某一产业部门到另一产业部门或其子产业的单位流量值规模。它们的数值越高，则绝对流量值、贡献度或效率就越大。

第三章　京津冀和长三角地区制造业生产效率分析

本章以2006—2016年京津冀和长三角地区制造业有关数据为例，采用第二章第一节所述方法计算京津冀和长三角地区制造业全要素生产率，并进行分析讨论。

第一节　制造业类别的划分

根据最新《国民经济行业分类》(GB/T 4754-2017)，我国制造业包括大类代码从“13”(农副食品加工业)到“43”(金属制品/机械/设备修理业)的31个具体行业类别，但鉴于近十年来制造业的分类标准有所变化且部分行业类别生产规模较小，为保证不同年份的数据可比性以及价值实用性，本研究参照联合国工业发展组织《2016工业发展报告》做法基于相对于增加值和生产总值统计数据的研发强度将制造业分为低技术制造业、中技术制造业和高技术制造业三类，其中农副食品加工业、食品制造业、烟草制品业、纺织业、皮革/毛皮/羽毛及其制品和制鞋业、木材加工和木/竹/藤/棕/草制品业、家具制造业、造纸和纸制品业、印刷和记录媒介复制业、文教/工美/体育/娱乐用品制造业等行业类别被归类为低技术制造业，石油/煤炭及其他燃料加工业、非金属矿物制品业、黑色金属冶炼和压延加工业、有色金属冶炼和压延加工业、其他制造业、废气资源综合利用业、金属制品/机械/设备修理业等行业类别被归类为中技术制造业，化学原料和化学制品制造业、医药制造业、化学纤维制造业、橡胶和塑料制品业、通用设备制造业、专用设备制造业、汽车制造业、铁路/船舶/航天航空和其他运输设备制造业、电气机械和器材制造业、计算机/通信和其他电子设备制造业、仪器仪表制造业等行业类别被归类为高技术制造业①。

第二节　投入、产出变量的数据采集与处理

本研究选取 2006—2016 年北京、天津、河北三省市制造业各行业数据作为京津冀地区的面板分析数据，上海、江苏、浙江三省市制造业各行业数据作为长三角地区的面板分析数据。鉴于各省市综合统计年鉴和《中国工业统计年鉴》中均仅有制造业整体而无制造业各行业的增加值数据，故选取各行业的工业销售产值作为产出变量的测度指标；同时，选取制造业各行业的资本和劳动两种要素作

① 2006—2011 年我国制造业行业统计分类仅有 22 个，2012—2016 年制造业行业统计分类扩增到 31 个；橡胶和塑料制品业在联合国工业发展组织《2016 工业发展报告》中被归类为中技术制造业，但鉴于 2006—2011 年该行业被纳入化学原料和化学制品制造业统计范围，为保持前后数据可比性，本研究将其与化学原料和化学制品制造业皆归类为高技术制造业。

为投入变量。资本投入通常用资本存量来衡量，由于《中国工业统计年鉴》已给出将历年固定资产投资和折旧因素考虑在内的“固定资产合计”指标，参照前人学者研究方法，省去永续盘存法等换算过程，直接采用行业的固定资产合计作为资本存量的测度指标[68][69]。劳动投入量通常包括就业人数、劳动时间、劳动强度和劳动质量等，在自由市场竞争条件下，一般可用劳动者的工资报酬反映劳动投入的变化，但由于我国分配体制不合理和缺乏市场机制调节使得劳动收入难以准确反映劳动投入的变化，加之当前我国统计资料中尚无各制造业行业劳动收入的完整数据，故参考多数国内学者的研究经验，选择行业就业人数作为劳动力投入的测度指标[70]。

根据2007—2017年的《中国工业统计年鉴》，可直接获取京津冀沪苏浙六省市2006—2016年制造业各行业的工业销售产值、固定资产合计和就业人数数据。按照前述低技术、中技术、高技术制造业三类划分方法进行求和汇总，相关数据如表3-1、表3-2、表3-3所示。以2006年的工业销售产值和固定资产合计为基准，根据六省市历年的工业生产者出厂价格指数(如表3-4所示)和固定资产投资价格指数(如表3-5所示)分别对相应年份制造业各类别的工业销售产值和固定资产合计进行折算，相关数据如表3-6、表3-7所示①。

① 京津冀和沪苏浙六省市2006—2016年制造业各行业的工业销售产值、固定资产合计和平均就业人数的原始数据参见对应年份的《中国工业统计年鉴》，中华人民共和国国家统计局工业统计司，中国统计出版社。

表 3-1　各类别制造业销售产值（亿元）

时期	类别	京津冀地区	北京	天津	河北	长三角地区	上海	江苏	浙江
2006年	低技术制造业	3001.80	612.54	515.63	1873.63	14838.53	1640.13	7117.21	6081.19
2006年	中技术制造业	9381.66	1516.32	2137.70	5727.64	16886.32	3818.30	8442.84	4625.18
2006年	高技术制造业	11460.82	4636.56	4325.57	2498.69	42979.32	10870.25	20467.02	11642.05
2007年	低技术制造业	3568.05	692.12	603.60	2272.33	17857.95	1878.28	8611.03	7368.64
2007年	中技术制造业	12145.08	1727.90	2881.34	7535.84	21033.57	4220.32	11114.37	5698.88
2007年	高技术制造业	13604.33	5358.92	4934.66	3310.75	55146.12	13498.72	26840.61	14806.79
2008年	低技术制造业	4223.95	777.29	757.77	2688.89	20554.76	2119.88	10343.02	8091.86
2008年	中技术制造业	16328.34	1925.45	3806.53	10596.36	25580.07	4677.96	14029.09	6873.02
2008年	高技术制造业	15166.87	5457.08	5533.12	4176.67	66714.87	14953.95	35072.77	16688.15
2009年	低技术制造业	4735.15	810.20	975.17	2949.78	21397.59	2103.60	10931.45	8362.54
2009年	中技术制造业	16163.67	1714.43	3966.16	10483.08	24451.50	3798.12	14216.07	6437.31
2009年	高技术制造业	16163.30	5844.56	5520.27	4798.47	70820.88	14906.78	39139.91	16774.19
2010年	低技术制造业	5794.84	907.16	1228.94	3658.74	25583.49	2516.00	13150.86	9916.63
2010年	中技术制造业	20122.05	1963.51	5050.26	13108.28	30909.24	4937.80	17556.87	8414.57
2010年	高技术制造业	20477.39	6973.68	6829.23	6674.48	91349.21	18834.16	50840.14	21674.91
2011年	低技术制造业	7646.48	1030.84	1866.98	4748.66	27063.53	2727.86	14157.19	10178.48

续表

时期	类别	京津冀地区	北京	天津	河北	长三角地区	上海	江苏	浙江
2011 年	中技术制造业	25414. 58	1876. 46	6522. 53	17015. 59	35121. 89	5385. 97	19949. 80	9786. 12
2011 年	高技术制造业	23677. 06	7402. 37	7964. 54	8310. 15	106694. 42	20255. 13	62013. 78	24425. 51
2012 年	低技术制造业	11305. 00	1369. 27	2873. 17	7062. 56	38362. 14	3966. 21	19871. 12	14524. 81
2012 年	中技术制造业	27880. 43	2271. 77	8241. 72	17366. 94	39649. 59	5262. 02	23630. 77	10756. 80
2012 年	高技术制造业	26830. 62	7601. 05	9649. 32	9580. 25	118325. 15	20475. 30	70011. 44	27838. 41
2013 年	低技术制造业	12803. 55	1424. 38	3318. 71	8060. 46	42314. 37	3977. 54	22573. 84	15762. 99
2013 年	中技术制造业	28521. 37	1887. 61	7945. 58	18688. 18	43230. 87	5454. 74	26341. 08	11435. 05
2013 年	高技术制造业	30698. 69	8768. 18	10875. 29	11055. 22	128522. 50	21158. 31	78138. 06	29226. 13
2014 年	低技术制造业	13889. 45	1418. 17	3694. 54	8776. 74	44900. 78	4055. 77	24468. 59	16376. 42
2014 年	中技术制造业	28694. 89	1924. 23	8158. 07	18612. 59	44226. 69	5038. 96	27063. 00	12124. 73
2014 年	高技术制造业	33280. 89	9538. 99	11528. 91	12212. 99	137324. 42	21920. 83	84044. 77	31358. 82
2015 年	低技术制造业	14497. 99	1405. 71	4068. 01	9024. 27	46960. 26	3958. 77	26472. 17	16529. 32
2015 年	中技术制造业	27332. 86	1592. 56	8483. 21	17257. 09	42074. 04	4388. 05	26726. 87	10959. 12
2015 年	高技术制造业	34460. 92	9426. 72	11930. 69	13103. 51	141653. 82	21353. 60	88571. 95	31728. 27
2016 年	低技术制造业	15210. 04	1409. 04	4363. 49	9437. 51	49263. 99	3740. 71	28577. 02	16946. 26
2016 年	中技术制造业	28103. 38	1524. 33	8520. 45	18058. 60	42100. 69	4175. 02	27168. 82	10756. 85
2016 年	高技术制造业	35980. 73	10107. 33	11823. 26	14050. 14	149769. 59	21622. 09	94386. 81	33760. 69

表 3-2 各类别制造业固定资产合计（亿元）

时期	类别	京津冀地区	北京	天津	河北	长三角地区	上海	江苏	浙江
2006 年	低技术制造业	926. 79	210. 75	204. 88	511. 16	4124. 36	420. 14	1885. 36	1818. 86
2006 年	中技术制造业	3173. 98	549. 71	605. 06	2019. 21	3988. 23	1996. 35	1105. 30	886. 58
2006 年	高技术制造业	2868. 39	1081. 85	960. 90	825. 64	10742. 41	2917. 30	4981. 54	2843. 57
2007 年	低技术制造业	966. 36	219. 90	220. 79	525. 67	4579. 68	459. 51	2074. 73	2045. 44
2007 年	中技术制造业	3893. 12	886. 78	700. 77	2305. 57	5139. 24	1525. 49	2405. 69	1208. 06
2007 年	高技术制造业	3178. 83	1157. 05	1053. 26	968. 52	13012. 16	3232. 44	6338. 40	3441. 32
2008 年	低技术制造业	1088. 19	237. 76	252. 00	598. 43	5416. 43	475. 15	2631. 36	2309. 92
2008 年	中技术制造业	4798. 24	864. 28	935. 36	2998. 60	6599. 49	1790. 94	3195. 38	1613. 17
2008 年	高技术制造业	3656. 69	1188. 67	1216. 06	1251. 96	16335. 21	3532. 07	8711. 78	4091. 36
2009 年	低技术制造业	1149. 55	233. 30	256. 98	659. 27	5531. 70	488. 60	2562. 41	2480. 69
2009 年	中技术制造业	6191. 53	907. 72	1193. 01	4090. 80	7181. 68	1770. 80	3512. 05	1898. 83
2009 年	高技术制造业	4177. 00	1169. 78	1385. 49	1621. 73	17670. 46	3666. 22	9366. 43	4637. 81
2010 年	低技术制造业	1309. 11	246. 35	308. 40	754. 36	6064. 50	483. 58	2932. 02	2648. 90
2010 年	中技术制造业	6707. 35	476. 42	1253. 54	4977. 39	7619. 25	1717. 46	3938. 15	1963. 64
2010 年	高技术制造业	4916. 23	1285. 88	1692. 25	1938. 10	20440. 30	3630. 88	11587. 02	5222. 40
2011 年	低技术制造业	1533. 83	235. 04	387. 19	911. 60	6060. 07	522. 81	2888. 40	2648. 86

续表

时期	类别	京津冀地区	北京	天津	河北	长三角地区	上海	江苏	浙江
2011 年	中技术制造业	7313. 64	378. 36	1357. 98	5577. 30	7602. 80	1690. 96	3979. 40	1932. 44
2011 年	高技术制造业	5493. 79	1312. 88	1931. 03	2249. 88	21704. 29	3769. 24	12406. 97	5528. 08
2012 年	低技术制造业	3689. 47	594. 44	1193. 15	1901. 88	7908. 43	701. 21	3766. 07	3441. 15
2012 年	中技术制造业	8851. 41	424. 33	1680. 84	6746. 24	8692. 44	1448. 47	4975. 04	2268. 93
2012 年	高技术制造业	6842. 86	1604. 83	2349. 05	2888. 98	24924. 70	4042. 70	14387. 67	6494. 33
2013 年	低技术制造业	2590. 01	342. 87	645. 14	1602. 00	8716. 55	647. 29	4531. 98	3537. 28
2013 年	中技术制造业	9827. 07	423. 47	2082. 80	7320. 80	9401. 90	1549. 87	5541. 35	2310. 68
2013 年	高技术制造业	7557. 92	1683. 00	2683. 44	3191. 48	27166. 27	4163. 96	16048. 71	6953. 60
2014 年	低技术制造业	2858. 10	335. 52	702. 20	1820. 38	9339. 68	630. 27	5120. 39	3589. 02
2014 年	中技术制造业	11694. 46	387. 27	2050. 81	9256. 38	9718. 08	1429. 66	5935. 36	2353. 06
2014 年	高技术制造业	8191. 73	1784. 10	2734. 02	3673. 61	29706. 03	4283. 06	17943. 82	7479. 15
2015 年	低技术制造业	2939. 09	340. 17	695. 87	1903. 05	9773. 44	636. 64	5480. 03	3656. 77
2015 年	中技术制造业	11168. 18	414. 73	2255. 82	8497. 63	10004. 95	1411. 42	6244. 78	2348. 75
2015 年	高技术制造业	8690. 76	1973. 22	2627. 10	4090. 44	31657. 70	4574. 52	19122. 21	7960. 97
2016 年	低技术制造业	3120. 66	418. 55	677. 24	2024. 87	9856. 09	592. 62	5597. 76	3665. 71
2016 年	中技术制造业	11420. 67	388. 26	2515. 79	8516. 62	10147. 79	1292. 53	6435. 03	2420. 23
2016 年	高技术制造业	9770. 03	2032. 61	3264. 83	4472. 59	33136. 46	4541. 97	20697. 22	7897. 27

表 3-3　各类别制造业就业人数(万人)

时期	类别	京津冀地区	北京	天津	河北	长三角地区	上海	江苏	浙江
2006 年	低技术制造业	100.59	21.95	19.73	58.91	473.04	50.62	213.16	209.26
2006 年	中技术制造业	126.76	20.27	19.25	87.24	210.74	37.54	99.01	74.19
2006 年	高技术制造业	177.84	53.77	51.89	72.18	750.76	131.74	346.42	272.60
2007 年	低技术制造业	95.53	21.02	18.90	55.61	498.87	49.96	225.88	223.03
2007 年	中技术制造业	129.72	19.55	21.68	88.49	224.74	36.60	107.26	80.88
2007 年	高技术制造业	187.12	56.48	55.18	75.46	857.41	147.30	403.74	306.37
2008 年	低技术制造业	94.71	21.19	17.75	55.77	547.67	51.02	269.23	227.42
2008 年	中技术制造业	138.85	18.22	25.84	94.79	267.87	40.18	141.16	86.53
2008 年	高技术制造业	204.58	60.08	61.43	83.07	1027.12	209.07	507.03	311.02
2009 年	低技术制造业	94.47	20.58	19.50	54.39	511.88	48.56	242.42	220.90
2009 年	中技术制造业	139.01	17.47	26.60	94.94	248.07	36.38	130.13	81.56
2009 年	高技术制造业	208.87	57.60	63.00	88.27	984.31	153.07	515.78	315.46
2010 年	低技术制造业	97.86	20.78	21.45	55.63	523.68	45.48	253.06	225.14
2010 年	中技术制造业	145.70	16.12	25.81	103.77	265.16	34.71	142.62	87.83
2010 年	高技术制造业	231.31	61.05	71.71	98.55	1133.34	165.08	610.33	357.93
2011 年	低技术制造业	98.25	18.83	23.70	55.72	437.71	36.52	219.22	181.97

续表

时期	类别	京津冀地区	北京	天津	河北	长三角地区	上海	江苏	浙江
2011 年	中技术制造业	142.19	14.06	27.16	100.97	234.08	28.88	129.68	75.52
2011 年	高技术制造业	231.10	60.01	70.09	101.00	1095.49	165.13	613.31	317.05
2012 年	低技术制造业	117.92	21.26	28.54	68.12	518.93	42.29	254.93	221.71
2012 年	中技术制造业	153.88	14.60	31.44	107.85	264.61	33.43	147.47	83.71
2012 年	高技术制造业	246.32	62.60	76.12	107.61	1145.88	169.12	642.71	334.05
2013 年	低技术制造业	137.59	23.69	33.38	80.52	607.11	48.45	293.32	265.34
2013 年	中技术制造业	165.56	15.13	35.71	114.72	284.84	34.14	158.51	92.19
2013 年	高技术制造业	261.54	65.18	82.15	114.21	1188.72	172.62	668.89	347.21
2014 年	低技术制造业	147.35	22.50	32.73	92.12	597.22	45.10	289.47	262.65
2014 年	中技术制造业	167.06	14.08	35.60	117.38	283.89	31.66	159.63	92.60
2014 年	高技术制造业	274.19	65.65	87.79	120.75	1190.50	166.38	671.66	352.46
2015 年	低技术制造业	140.87	21.18	31.30	88.39	577.31	39.68	284.83	252.80
2015 年	中技术制造业	161.01	12.93	34.44	113.64	277.45	31.01	157.31	89.13
2015 年	高技术制造业	268.58	62.96	83.47	122.15	1177.40	159.23	669.50	348.67
2016 年	低技术制造业	136.73	19.07	29.87	87.79	556.78	35.10	279.79	241.89
2016 年	中技术制造业	150.01	11.72	30.97	107.32	266.19	28.92	153.02	84.25
2016 年	高技术制造业	257.39	60.73	74.94	121.72	1150.98	147.50	653.92	349.56

表 3-4 工业生产者出厂价格指数

时期	北京	天津	河北	上海	江苏
2006 年	100.0	100.0	100.0	100.0	100.0
2007 年	99.7	101.5	106.9	101.2	102.6
2008 年	103.0	105.7	124.8	103.4	107.3
2009 年	97.2	97.7	111.2	97.0	102.2
2010 年	99.4	102.7	121.2	99.2	109.6
2011 年	101.6	106.6	130.5	102.1	116.4
2012 年	100.0	103.4	123.6	100.5	113.0
2013 年	97.4	100.3	119.4	98.7	110.8
2014 年	96.5	96.6	113.6	97.6	108.9
2015 年	93.6	87.2	101.3	93.8	103.8
2016 年	91.8	85.4	101.2	92.7	101.8

表 3-5 固定资产投资价格指数

时期	北京	天津	河北	上海	江苏
2006 年	100.0	100.0	100.0	100.0	100.0
2007 年	102.8	102.6	107.8	103.5	104.9
2008 年	110.8	112.0	124.9	111.7	115.4
2009 年	107.6	109.4	116.8	108.3	112.7
2010 年	110.3	112.2	129.6	112.4	118.5
2011 年	116.6	118.6	143.7	119.8	126.5
2012 年	118.1	118.6	138.2	119.0	124.8
2013 年	118.0	118.0	134.9	119.3	125.4
2014 年	118.0	118.6	129.0	119.9	126.8
2015 年	115.1	118.5	116.5	116.3	122.0
2016 年	114.8	117.8	114.5	115.8	118.1

表 3-6 折算后各类别制造业销售产值(亿元)

时期	类别	京津冀地区	北京	天津	河北	长三角地区	上海	江苏	浙江
2006 年	低技术制造业	3001. 80	612. 54	515. 63	1873. 63	14838. 53	1640. 13	7117. 21	6081. 19
2006 年	中技术制造业	9381. 66	1516. 32	2137. 70	5727. 64	16886. 32	3818. 30	8442. 84	4625. 18
2006 年	高技术制造业	11460. 82	4636. 56	4325. 57	2498. 69	42979. 32	10870. 25	20467. 02	11642. 05
2007 年	低技术制造业	3414. 54	694. 20	594. 68	2125. 66	17444. 76	1856. 01	8392. 82	7195. 94
2007 年	中技术制造业	11621. 29	1733. 10	2838. 76	7049. 43	20568. 31	4170. 28	10832. 72	5565. 31
2007 年	高技术制造业	13333. 83	5375. 05	4861. 73	3097. 05	53958. 85	13338. 66	26160. 44	14459. 76
2008 年	低技术制造业	3627. 27	754. 72	717. 17	2155. 38	19263. 66	2049. 65	9637. 59	7576. 42
2008 年	中技术制造业	13966. 04	1869. 55	3602. 57	8493. 92	24030. 46	4522. 98	13072. 25	6435. 22
2008 年	高技术制造业	13883. 26	5298. 65	5236. 65	3347. 97	62764. 36	14458. 54	32680. 68	15625. 14
2009 年	低技术制造业	4484. 87	833. 34	997. 75	2653. 77	21118. 45	2168. 35	10699. 46	8250. 64
2009 年	中技术制造业	15252. 51	1763. 41	4058. 00	9431. 11	24180. 57	3915. 02	13914. 37	6351. 17
2009 年	高技术制造业	15976. 56	6011. 52	5648. 09	4316. 95	70224. 60	15365. 60	38309. 27	16549. 74
2010 年	低技术制造业	5129. 17	912. 99	1196. 38	3019. 80	23743. 93	2535. 13	11996. 05	9212. 75
2010 年	中技术制造业	17711. 73	1976. 13	4916. 46	10819. 15	28807. 82	4975. 35	16015. 16	7817. 30
2010 年	高技术制造业	19175. 69	7018. 49	6648. 30	5508. 90	85489. 57	18977. 39	46375. 76	20136. 42
2011 年	低技术制造业	6404. 29	1014. 14	1750. 98	3639. 17	23836. 96	2671. 14	12160. 09	9005. 72

续表

时期	类别	京津冀地区	北京	天津	河北	长三角地区	上海	江苏	浙江
2011 年	中技术制造业	21003. 35	1846. 06	6117. 27	13040. 03	31068. 11	5273. 98	17135. 56	8658. 57
2011 年	高技术制造业	21120. 67	7282. 44	7469. 68	6368. 55	94710. 94	19833. 98	53265. 74	21611. 22
2012 年	低技术制造业	9862. 34	1368. 99	2777. 99	5715. 36	34732. 51	3946. 89	17577. 73	13207. 89
2012 年	中技术制造业	24294. 16	2271. 30	7968. 70	14054. 16	35921. 37	5236. 39	20903. 47	9781. 51
2012 年	高技术制造业	24681. 96	7599. 49	9329. 67	7752. 80	107621. 16	20375. 58	61931. 21	25314. 38
2013 年	低技术制造业	11522. 61	1462. 10	3308. 01	6752. 49	39003. 31	4030. 72	20376. 05	14596. 54
2013 年	中技术制造业	25513. 23	1937. 60	7919. 97	15655. 66	39893. 04	5527. 67	23776. 51	10588. 87
2013 年	高技术制造业	29101. 93	9000. 39	10840. 24	9261. 30	119035. 14	21441. 20	70530. 52	27063. 42
2014 年	低技术制造业	13016. 33	1468. 95	3824. 12	7723. 26	41972. 76	4155. 71	22468. 28	15348. 76
2014 年	中技术制造业	26815. 85	1993. 13	8444. 21	16378. 51	41377. 60	5163. 13	24850. 60	11363. 88
2014 年	高技术制造业	32560. 88	9880. 54	11933. 28	10747. 06	129026. 08	22460. 99	77174. 11	29390. 99
2015 年	低技术制造业	15078. 18	1502. 62	4663. 01	8912. 55	45798. 44	4220. 94	25506. 89	16070. 61
2015 年	中技术制造业	28469. 78	1702. 36	9723. 98	17043. 44	41085. 94	4678. 64	25752. 31	10654. 99
2015 年	高技术制造业	36693. 61	10076. 63	13675. 70	12941. 29	138957. 78	22767. 72	85342. 28	30847. 77
2016 年	低技术制造业	15974. 35	1535. 36	5108. 99	9330. 00	48663. 94	4036. 88	28068. 29	16558. 77
2016 年	中技术制造业	29490. 03	1660. 98	9976. 17	17852. 88	41701. 62	4505. 57	26685. 16	10510. 89
2016 年	高技术制造业	38746. 76	11013. 41	13843. 26	13890. 09	149029. 27	23334. 00	92706. 53	32988. 73

表 3-7 折算后各类别制造业固定资产合计（亿元）

时期	类别	京津冀地区	北京	天津	河北	长三角地区	上海	江苏	浙江
2006 年	低技术制造业	926. 79	210. 75	204. 88	511. 16	4124. 36	420. 14	1885. 36	1818. 86
2006 年	中技术制造业	3173. 98	549. 71	605. 06	2019. 21	3988. 23	1996. 35	1105. 30	886. 58
2006 年	高技术制造业	2868. 39	1081. 85	960. 90	825. 64	10742. 41	2917. 30	4981. 54	2843. 57
2007 年	低技术制造业	916. 74	213. 91	215. 19	487. 63	4382. 90	443. 97	1977. 82	1961. 11
2007 年	中技术制造业	3684. 39	862. 63	683. 01	2138. 75	4925. 48	1473. 90	2293. 32	1158. 26
2007 年	高技术制造业	3050. 55	1125. 54	1026. 57	898. 44	12464. 90	3123. 13	6042. 33	3299. 44
2008 年	低技术制造业	918. 44	214. 55	224. 92	478. 97	4732. 12	425. 47	2280. 41	2026. 25
2008 年	中技术制造业	4014. 79	779. 91	834. 85	2400. 03	5787. 95	1603. 69	2769. 20	1415. 06
2008 年	高技术制造业	3160. 06	1072. 63	1085. 39	1002. 05	14301. 54	3162. 77	7549. 86	3588. 92
2009 年	低技术制造业	1016. 17	216. 81	235. 01	564. 35	4974. 28	451. 05	2272. 93	2250. 31
2009 年	中技术制造业	5436. 39	843. 57	1091. 00	3501. 83	6472. 46	1634. 69	3115. 29	1722. 48
2009 年	高技术制造业	3742. 37	1087. 11	1267. 02	1388. 24	15899. 80	3384. 43	8308. 28	4207. 09
2010 年	低技术制造业	1080. 52	223. 36	274. 88	582. 28	5199. 68	430. 07	2474. 58	2295. 03
2010 年	中技术制造业	5391. 25	431. 95	1117. 30	3841. 99	6552. 46	1527. 41	3323. 74	1701. 31
2010 年	高技术制造业	4170. 19	1165. 86	1508. 33	1496. 00	17533. 09	3229. 10	9779. 27	4524. 73
2011 年	低技术制造业	1162. 60	201. 61	326. 50	634. 49	4854. 01	436. 58	2282. 55	2134. 88

续表

时期	类别	京津冀地区	北京	天津	河北	长三角地区	上海	江苏	浙江
2011 年	中技术制造业	5351. 59	324. 55	1145. 12	3881. 92	6114. 24	1412. 06	3144. 71	1557. 47
2011 年	高技术制造业	4320. 46	1126. 15	1628. 35	1565. 97	17407. 55	3147. 55	9804. 58	4455. 42
2012 年	低技术制造业	2885. 52	503. 35	1006. 13	1376. 04	6403. 27	589. 09	3018. 39	2795. 80
2012 年	中技术制造业	6657. 69	359. 31	1417. 37	4881. 01	7047. 62	1216. 87	3987. 34	1843. 42
2012 年	高技术制造业	5429. 97	1358. 91	1980. 84	2090. 22	20203. 94	3396. 29	11531. 26	5276. 39
2013 年	低技术制造业	2024. 94	290. 62	546. 75	1187. 57	7030. 77	542. 71	3614. 17	2873. 90
2013 年	中技术制造业	7551. 05	358. 94	1765. 15	5426. 96	7595. 91	1299. 45	4419. 12	1877. 34
2013 年	高技术制造业	6066. 58	1426. 52	2274. 19	2365. 87	21939. 24	3491. 18	12798. 54	5649. 53
2014 年	低技术制造业	2288. 11	284. 39	592. 15	1411. 57	7463. 34	525. 81	4038. 98	2898. 55
2014 年	中技术制造业	9235. 28	328. 25	1729. 39	7177. 64	7774. 90	1192. 70	4681. 84	1900. 37
2014 年	高技术制造业	6666. 36	1512. 22	2305. 53	2848. 61	23767. 60	3573. 17	14154. 16	6040. 27
2015 年	低技术制造业	2517. 01	295. 42	587. 40	1634. 19	8073. 06	547. 55	4493. 42	3032. 10
2015 年	中技术制造业	9561. 45	360. 17	1904. 18	7297. 10	8281. 91	1213. 90	5120. 49	1947. 52
2015 年	高技术制造业	7443. 78	1713. 64	2217. 58	3512. 55	26214. 87	3934. 35	15679. 50	6601. 02
2016 年	低技术制造业	2708. 58	364. 58	575. 12	1768. 87	8308. 21	511. 73	4741. 69	3054. 78
2016 年	中技术制造业	9914. 53	338. 20	2136. 44	7439. 89	8583. 90	1116. 11	5450. 91	2016. 87
2016 年	高技术制造业	8450. 20	1770. 53	2772. 54	3907. 13	28035. 13	3922. 04	17531. 97	6581. 11

第三节 计算结果

根据前述数据来源和处理方法，采用 DEAP 2.1 软件进行计算，2006—2016 年两大区域六省市制造业及三大类别行业平均全要素生产率指数及分项指数如表 3-8 所示，制造业各时期的全要素生产率指数如表 3-9 所示。其中，京津冀地区、长三角地区及其区域内的六省市制造业全要素生产率指数取当地低技术、中技术和高技术制造业三大类别行业全要素生产率指数的几何平均值。

表 3-8 2006—2016 年制造业及三大类别行业平均全要素生产率指数及分项指数

指数	类别	京津冀地区	北京	天津	河北	长三角地区	上海	江苏	浙江
全要素生产率	低技术制造业	1.069	1.035	1.134	1.042	1.058	1.073	1.052	1.048
	中技术制造业	1.072	1.083	1.084	1.050	1.025	1.054	1.003	1.019
	高技术制造业	1.044	1.054	1.039	1.040	1.041	1.055	1.043	1.024
	制造业	1.062	1.057	1.085	1.044	1.041	1.061	1.032	1.030
技术进步	低技术制造业	1.015	1.013	1.015	1.017	1.017	1.016	1.021	1.014
	中技术制造业	1.081	1.083	1.084	1.075	1.046	1.086	1.026	1.026
	高技术制造业	1.035	1.052	1.046	1.009	1.036	1.057	1.032	1.019
	制造业	1.043	1.049	1.048	1.033	1.033	1.053	1.026	1.020
技术效率	低技术制造业	1.054	1.022	1.117	1.025	1.040	1.057	1.030	1.034
	中技术制造业	0.992	1.000	1.000	0.977	0.980	0.970	0.977	0.993
	高技术制造业	1.008	1.001	0.993	1.030	1.004	0.998	1.010	1.005
	制造业	1.018	1.008	1.035	1.010	1.008	1.008	1.005	1.011

续表

指数	类别	京津冀地区	北京	天津	河北	长三角地区	上海	江苏	浙江
纯技术效率	低技术制造业	1.001	0.972	1.000	1.033	1.042	1.037	1.043	1.045
	中技术制造业	1.013	1.026	1.000	1.014	0.990	0.963	1.000	1.009
	高技术制造业	1.017	1.006	1.002	1.044	1.002	1.000	1.000	1.005
	制造业	1.011	1.001	1.001	1.030	1.011	1.000	1.014	1.020
规模效率	低技术制造业	1.052	1.052	1.117	0.992	0.999	1.019	0.988	0.990
	中技术制造业	0.979	0.974	1.000	0.963	0.990	1.008	0.977	0.984
	高技术制造业	0.991	0.995	0.991	0.986	1.003	0.998	1.010	1.000
	制造业	1.007	1.006	1.034	0.980	0.997	1.008	0.992	0.991

表 3-9　制造业各时期全要素生产率指数

时期	京津冀地区	北京	天津	河北	长三角地区	上海	江苏	浙江
2006—2007 年	1.132	1.108	1.112	1.179	1.047	1.103	0.989	1.052
2007—2008 年	1.061	1.085	1.072	1.029	1.012	1.057	0.993	0.986
2008—2009 年	1.039	1.067	1.093	0.961	0.993	1.004	1.068	0.913
2009—2010 年	1.139	1.228	1.083	1.110	1.142	1.256	1.041	1.138
2010—2011 年	1.154	1.160	1.166	1.137	1.125	1.120	1.130	1.124
2011—2012 年	0.857	0.832	0.882	0.858	1.022	1.016	1.024	1.025
2012—2013 年	1.151	1.163	1.165	1.126	1.028	1.033	1.015	1.036
2013—2014 年	1.045	1.068	1.077	0.992	1.033	1.040	1.015	1.045
2014—2015 年	1.055	0.936	1.190	1.055	0.984	0.960	1.022	0.972
2015—2016 年	1.021	0.988	1.044	1.033	1.036	1.044	1.034	1.032

第四节　结果讨论与分析

一、整体比较

根据前述计算结果和相关数据整理，2006—2016 年京津冀、长三角地区和区域内六省市制造业及三大类别行业各项指标年均增长率，如表 3-10 所示。可以发现在此期间，京津冀地区制造业全要素生产率年均增长率及全要素生产率的增长贡献率皆要高于长三角地区，京津冀地区制造业全要素生产率年均增长 6.2%，增长贡献率达 46.3%；而长三角地区制造业全要素生产率年均增长为4.1%，增长贡献率为33.1%。仅有天津和上海的制造业全要素生产率的增速高于所在地区的整体水平，表明天津和上海分别是京津冀地区和长三角地区制造业全要素生产率增长的主动力。就六省市比较来看，天津制造业的全要素生产率增长最快，上海、北京、河北、江苏依次随后，浙江最慢，但就增长贡献率而言，上海、北京和天津位居前三位，江苏、浙江和河北位居后三位，其中上海和北京的增长贡献率皆高于70%，表明其制造业的增长主要靠要素投入之外的技术进步和能力实现，属于效率型增长；江苏、浙江和河北的增长贡献率皆不足30%，表明其制造业的增长主要依赖资本、劳动力等要素投入，属于投入型增长；天津的增长贡献率为55.6%，介于两者之间，表明其制造业的增长由要素投入及其以外的因素共同驱动。就技术进步变化情况而言，京津冀地区制造业的前沿生产面“向外”扩张的程度较长三角地区更为明显，在六省市中，上海技术进步年均增长率最高，达5.3%；浙江技术进步年均增长率最低，为2.0%。两大区域及六省市制造业的平均技术效率指数皆大于1，表明其利用技术的能力有所提升；仅有河北、江苏和浙江三省的平均规模效率指数小于1且皆低于其纯技术效率指数，表明此三省偏大的制造业生产规模是影响其技术效率进一步提升的主要原因。

表 3-10　2006—2016 年制造业及三大类别行业各项指标年均增长率（%）

指数	类别	京津冀地区	北京	天津	河北	长三角地区	上海	江苏	浙江
低技术制造业	全要素生产率	6.9	3.5	13.4	4.2	5.8	7.3	5.2	4.8
	技术进步	1.5	1.3	1.5	1.7	1.7	1.6	2.1	1.4
	技术效率	5.4	2.2	1.7	2.5	4.0	5.7	3.0	3.4
	实际销售产值	18.2	9.6	25.8	17.4	12.6	9.4	14.7	10.5
	实际资本存量	11.3	5.6	10.9	13.2	7.3	2.0	9.7	5.3
	劳动力	3.1	-1.4	4.2	4.1	1.6	-3.6	2.8	1.5
	TFP 增长贡献率	37.9	36.5	51.9	24.1	46.0	77.7	35.4	45.7
中技术制造业	全要素生产率	7.2	8.3	8.4	5.0	2.5	5.4	0.3	1.9
	技术进步	8.1	8.3	8.4	7.5	4.6	8.6	2.6	2.6
	技术效率	-0.8	0.0	0.0	-2.3	-2.0	-3.0	-2.3	-0.7
	实际销售产值	12.1	0.9	16.7	12.0	9.5	1.7	12.2	8.6
	实际资本存量	12.1	-4.7	13.4	13.9	8.0	-5.6	17.3	8.6
	劳动力	1.7	-5.3	4.9	2.1	2.4	-2.6	4.4	1.3
	TFP 增长贡献率	59.5	922.2	50.3	41.7	26.3	317.6	2.5	22.1

续表

指数	类别	京津冀地区	北京	天津	河北	长三角地区	上海	江苏	浙江
高技术制造业	全要素生产率	4.4	5.4	3.9	4.0	4.1	5.5	4.3	2.4
	技术进步	3.5	5.2	4.6	0.9	3.6	5.7	3.2	1.9
	技术效率	0.8	0.1	-0.7	3.0	0.4	-0.2	1.0	0.5
	实际销售产值	13.0	9.0	12.3	18.7	13.2	7.9	16.3	11.0
	实际资本存量	11.4	5.0	11.2	16.8	10.1	3.0	13.4	8.8
	劳动力	3.8	1.2	3.7	5.4	4.4	1.1	6.6	2.5
	TFP 增长贡献率	33.8	60.0	31.7	21.4	31.1	69.6	26.4	21.8
制造业	全要素生产率	6.2	5.7	8.5	4.4	4.1	6.1	3.2	3.0
	技术进步	4.3	4.9	4.8	3.3	3.3	5.3	2.6	2.0
	技术效率	1.8	0.8	3.5	1.0	0.8	0.8	0.5	1.1
	实际销售产值	13.4	7.7	15.3	15.1	12.4	6.9	15.1	10.4
	实际资本存量	11.7	3.0	12.0	14.6	9.1	0.4	13.3	7.7
	劳动力	3.0	-0.5	4.1	3.8	3.2	-0.4	5.1	2.0
	TFP 增长贡献率	46.3	74.0	55.6	29.1	33.1	88.4	21.2	28.8

二、分行业比较

按制造业类别来看，在低技术、中技术和高技术制造业三大领域，京津冀地区全要素生产率的增长表现皆优于长三角地区，且在中技术制造业领域的领先优势最为明显，较后者年均增速高出 4.7 个百分点。低技术制造业领域，天津的全要素生产率年均增速最高，北京最低；中技术制造业领域，天津的全要素生产率年均增速最高，江苏最低；高技术制造业领域，上海的全要素生产率年均增速最高，浙江最低。根据六省市在制造业三大类别中的表现，可以发现制约北京制造业全要素生产率增长的短板主要是低技术制造业领域，该领域全要素增长率年均增速不仅在六省市中位居末位，而且比自身中技术制造业和高技术制造业领域分别低 4.8 和 1.9 个百分点；制约天津制造业全要素生产率增长的短板主要是高技术制造业领域，该领域全要素增长率年均增速不仅在六省市中位列第五，而且比自身低技术制造业和中技术制造业领域分别低 9.5 和 4.5 个百分点；制约江苏制造业全要素生产率增长的短板主要是中技术制造业领域，该领域全要素增长率年均增速不仅在六省市中位居末位，而且比自身低技术制造业和高技术制造业领域分别低 4.9 和 4.0 个百分点；制约浙江制造业全要素生产率增长的短板主要是中技术和高技术制造业领域，该领域全要素增长率年均增速不仅在六省市中分别位居第五和第六，而且比自身低技术制造业领域分别低 2.9 和 2.4 个百分点；上海和河北在低技术制造业、中技术制造业和高技术制造业三大类别中的全要素生产率增长表现相对均衡，上海表现更佳，不仅增长表现相对均衡，而且在三大类别领域皆保持较高的年均增长速度。（详见表3-8）

三、分时期比较

按发展的时间阶段来看，京津冀地区、长三角地区及六省市在2006—2016年仅在少数年度的全要素生产率增长率为负，如表3-11所示。可以发现，虽然京津冀地区制造业全要素生产率年均增长率高于长三角地区，但是波动程度却同样高于后者。京津冀地区制造业全要素生产率在2011—2012年出现明显下滑，从地域因素看，北京、天津、河北三省市同期制造业全要素生产率皆有下滑；从领域类别看，主要是低技术制造业全要素生产率同期出现大幅下滑。根据当期投入产出数据，2011—2012年，京津冀地区制造业实际销售产值增长率虽然高达54.0%，劳动力投入增长率为20.0%，但实际资本存量增长率却高达148.2%，表明产出的增长过于依赖资本的投入，这可能是当期全要素生产率下滑的直接原因。长三角地区制造业全要素生产率则仅在2008—2009年和2014—2015年出现小幅下滑，2008—2009年的负增长主要是原因是浙江制造业尤其是中技术制造业全要素生产率的下滑，而2014—2015年的负增长主要源于上海、浙江制造业尤其是中高技术制造业全要素生产率的下滑。根据当期投入产出数据，

2008—2009年，浙江中技术制造业实际销售产值下降-1.3%，虽然劳动力投入也下降5.7%，但实际资本存量增长率却高达21.7%，表明其产出的增长同样过于依赖资本的投入；2014—2015年，上海和浙江中技术制造业实际资本存量增长率皆为正值，但实际销售产值下降的速度却明显超过劳动力投入下降的速度，表明上海和浙江全要素生产率的下滑对制造业产出下降的影响较要素投入的减少尤其是劳动力投入的减少更为明显。

表3-11　制造业全要素生产率为负的时期三大类别行业全要素生产率增长率(%)

区域省市	时期	低技术制造业	中技术制造业	高技术制造业	制造业
京津冀地区	2011—2012年	-37.5	3.8	-4.6	-14.3
北京	2011—2012年	-42.5	12.4	-11.0	-16.8
	2014—2015年	0.0	-15.5	-2.8	-6.4
	2015—2016年	-16.8	5.8	9.5	-1.2
天津	2011—2012年	-40.4	9.4	5.1	-11.8
河北	2008—2009年	4.5	-8.7	-6.9	-3.9
	2011—2012年	-25.2	-9.1	-7.2	-14.2
	2013—2014年	-2.8	-0.2	0.5	-0.8
长三角地区	2008—2009年	2.9	-5.9	1.0	-0.7
	2014—2015年	1.6	-5.8	-0.4	-1.6
上海	2014—2015年	0.3	-9.7	-2.4	-4.0
江苏	2006—2007年	12.4	-19.6	7.1	-1.1
	2007—2008年	-0.4	-1.7	0	-0.7

续表

区域省市	时期	低技术制造业	中技术制造业	高技术制造业	制造业
浙江	2008—2009 年	1.9	-5.2	-0.7	-1.4
	2009—2010 年	-1.9	-14.3	-9.6	-8.7
	2014—2015 年	0.6	-6.4	-2.5	-2.8

第五节 小结与启示

一、研究小结

本研究以全要素生产率为视角，在对比主要全要素生产率计算方法的特点后，采用 Malmquist-DEA 法对京津冀地区和长三角地区六省市制造业及其子行业在 2006—2016 年的全要素生产率变化情况进行了分析，得出以下几个结论：第一，京津冀地区在低技术制造业、中技术制造业和高技术制造业三个类别领域的全要素生产率年均增长率皆高于长三角地区，但其制造业全要素生产率整体波动变化情况也较长三角地区更为明显；第二，京津冀地区制造业技术进步增长率、技术效率增长率以及全要素生产率对制造业产出增长的贡献率皆高于长三角地区；第三，六省市中天津制造业全要素生产率的增长率最高，浙江最低，且京津冀地区和长三角地区中分别仅有天津和上海制造业全要素生产率的增长率高于所在地区整体水平，但就增长贡献率来看只有上海和北京的制造业属于效率型增长，江苏、浙江和河北仍然属于投入型增长，天津则介于两者之间；第四，上海在不同制造业类别中的全要素生产率的增长呈较高水平的均衡，河北则保持较低水平的均衡，而制约北京制造业全要素生产率增长的短板主要是低技术制造业领域，制约天津制造业全要素生产率增长的短板主要是高技术制造业领域，制约江苏制造业全要素生产率增长的短板主要是中技术制造业领域，浙江则在中技术制造业和高技术制造业领域皆存在较为明显的短板。

二、政策启示

尽管上海和北京制造业全要素生产率整体具有较高的增长贡献率，属于效率型增长，但包括其在内的京津冀地区和长三角地区各省市，在2006—2016年皆有全要素生产率下滑的年份，且此时通常是制造业实际资本增长率大幅高于实际产出增长率，反映全要素生产率下滑时期制造业产出增长对资本的依赖度较高而利用率较低，因此六省市皆应大力改善制造业对资本投入的整体利用效率以进一步提高产业的全要素生产率从而改变产出增长过于依赖资本投入的弊端。

对于京津冀三省市而言，低技术制造业是制约北京制造业全要素生产率进一步增长的短板所在，尽管北京低技术制造业的劳动力投入已逐步下降，但资本投入仍呈扩张态势，因此北京应重点改善低技术制造业的资本使用效率；高技术制造业是制约天津制造业全要素生产率增长的短板所在，鉴于天津高技术制造业要素投入呈扩张态势且资本要素投入扩张更为明显，天津应调整优化高技术制造业资本、劳动力等要素投入的比例关系，重点改善高技术制造业的要素使用效率尤其是资本利用效率；河北三大类别制造业全要素生产率的增长速度在六省市中皆处中游位置，针对其各类别制造业的资本、劳动力等要素投入规模皆呈明显扩张的态势，河北应在改善制造业的资本使用效率的同时，加强人力资本积累，大力提升劳动者综合素质。

对于长三角三省市而言，上海低技术制造业和中技术制造业的全要素生产率还有进一步提升的空间，针对其中技术制造业要素投入规模呈收缩而低技术制造业资本要素投入仍呈扩张的态势，上海应优先改善低技术制造业的资本利用效率；中技术制造业是制约江苏制造业全要素生产率增长的短板所在，鉴于其中技术制造业要素投入呈扩张且资本要素投入扩张更为明显，江苏需尽快改善中技术制造业的要素使用效率尤其是资本利用效率；浙江不仅技术进步年均增速在六省市中最低，而且低技术和中技术制造业皆是制约其制造业全要素生产率增长的短板，鉴于其低技术和中技术制造业要素投入皆呈扩张且资本要素投入扩张更为明显，浙江应在加大技术研发力度的同时，大力改善低技术和中技术制造业的要素使用效率尤其是资本利用效率。

第四章　京津冀和长三角地区生产性服务业生产效率分析

本部分以2004—2016年京津冀和长三角地区生产性服务业有关数据为例，采用第二章第一节所述方法计算京津冀和长三角地区生产性服务业全要素生产率，并进行分析讨论。

第一节　生产性服务业类别的划分

由于服务业的快速发展、不断细分以及新兴技术、商业模式的不断出现，生产性服务业的范围也愈加丰富和扩大。目前，国际上界定生产性服务业范围的划分方法主要有两类：一是根据产业或行业类别划分，如Browning和Singelman认为生产性服务业应该是包括法律、金融、商务、保险、经纪等服务行业在内的知识密集型的专业服务产业[71]；二是根据投入产出特征划分，如Goodman和Steadman利用美国2000年的投入产出表，将中间需求率中高于60%的服务业部门界定为生产性服务业、40%~60%的部门为混合服务业、低于40%的部门为消费性服务业[72]。国内关于生产性服务业范围的界定多采取第一种方法。值得一提的是，由于欧美等主要西方国家多将房地产及经营服务作为生产性服务业，故在较长的时间里，不少国内学者均将房地产业作为生产性服务业范畴，但是我国官方产业规划文件中通常将房地产行业排除在生产性服务业之外。2015年国家统计局发布生产性服务业分类的标准将生产性服务业定义为替生产活动提供的研发设计与其他科技服务业、货物运输仓储和邮政快递服务、信息服务、金融服务、节能与环保服务、生产性租赁服务、商务服务、人力资源管理与培训服务、批发经纪代理服务、生产性支持服务。因此，根据我国官方对生产性服务业的界定，结合国民经济行业分类标准以及统计数据的可获得性，本研究将服务业中的批发和零售业①，交通运输、仓储和邮政业②，信息传输、软件和信息科技服务业，金融业，租赁和商务服务业，科学研究和科技服务业六个门类作为生产性服务业。为方便描述，后文将这六个生产性服务业子行业分别简称为“批发服务业”“物流服务业”“信息服务业”“金融服务业”“商务服务业”和“科技服务业”。

---

① 通常认为批发业属于生产性服务业，而零售业不属于生产性服务业，但我国公开统计数据中批发业和零售业被归为一类。此外，据计算我国批发和零售业的中间需求率高于60%，故本研究将批发和零售业纳入生产性服务业范畴。

② 通常认为货运属于生产性服务业，而客运不属于生产性服务业，但我国公开统计数据中货运和客运被归为一类，出于数据可获得性考虑，本研究将两者均纳入生产性服务业范畴。

第二节　投入、产出变量的数据采集与处理

鉴于我国服务业门类统计划分标准在 2004 年前后存在较大差异，为便于比较，本研究以 2004—2016 年为分析期，选取北京、天津、河北三省市以及上海、江苏、浙江三省市此期间的生产性服务业数据作为京津冀地区和长三角地区的面板分析数据。同时，选择生产性服务业的增加值作为产出变量，选择资本和劳动两种要素作为投入变量。资本投入通常用资本存量来衡量，但是鉴于包括我国在内的许多经济体并无资本存量的统计数据，故采取国际通用的永续盘存法进行估计，将本期资本存量定义为上一期的资本存量加上本期的固定资产投资再减去资产折旧。这样，只需确定初始资本存量和资产年度折旧率即可推算历年的资本存量。初始资本存量 K_0 根据 Kohli 所提方法进行计算[73]，如下所示：

$$K_0 = \frac{I_0}{r + w}$$

其中，I_0 为各区域或省市初始期即 2004 年的固定资产投资；r 为分析期内即 2004—2016 年六省市总固定资产投资实际年均增长率，经计算约为 16.5%；w 为资产年度折旧率，参照 Wu、王恕立和胡宗彪等人的研究结果设定为 4%[74][75]。劳动投入量参照本书

第三章第二节做法，选择生产性服务业的就业人数作为劳动力投入的衡量指标。

根据京津冀和长三角地区六省市 2004—2017 年的统计年鉴，可直接获取其 2004—2016 年各个生产性服务业行业的增加值、固定资产投资和就业人员数据，相关数据如表 4-1、表 4-2、表 4-3 所示①。需说明的是，河北省仅有 2013—2016 年分行业的增加值数据，其 2004—2012 年生产性服务业行业增加值数据根据相应年份的服务业增加值以及 2013 年各行业占服务业增加值比重进行推算；上海和江苏一些年度仅有分行业地方固定资产投资（或城镇固定资产投资）数据，其生产性服务业行业固定资产投资数据根据对应的地方固定资产投资（或城镇固定资产投资）进行比例放大推算，比例放大系数为当年度全社会固定资产投资与地方固定资产投资（或城镇固定资产投资）之比；北京和江苏仅有分行业法人单位就业人数而无分行业就业人数数据，其生产性服务业子行业就业人员数也同样根据当年度服务业就业人数与服务业法人单位就业人数之比进行放大推算。此外，因天津、河北、上海和浙江的就业人员总数为年末统计指标，故 2004 年就业人员总数取该年末就业人员总数，其余年份就业人员总数取该年和上年末就业人员总数的平均值。最后，以 2004 年的生产性服务业增加值和固定

① 京津冀和沪苏浙六省市 2004—2016 年各生产性服务业子行业的增加值、固定资产投资和就业人员数据的原始数据参见对应年份该省市的统计年鉴，可在各省市统计局官方网站下载。

资产投资为基准，根据六省市历年的服务业增加值平减指数（服务业名义增加值与服务业实际增加值之比，如表 4-4 所示）和固定资产投资价格指数（如表 4-5 所示）对 2004—2016 年的生产性服务业增加值和固定资产投资进行折算，并通过前述的永续盘存法推算历年资本存量，相关数据如表 4-6、表 4-7 所示。

表 4-1　2004—2016 年生产性服务业增加值（亿元）

北京各类别生产性服务业增加值						
时期	批发服务业	物流服务业	信息服务业	金融服务业	商务服务业	科技服务业
2004 年	587.70	356.80	449.60	713.80	276.60	276.50
2005 年	704.30	403.30	586.60	840.20	360.70	347.40
2006 年	872.00	455.20	696.40	982.40	447.10	438.60
2007 年	1098.20	497.50	870.50	1302.80	623.60	566.20
2008 年	1426.70	498.90	999.10	1519.20	765.30	706.70
2009 年	1525.00	556.60	1066.50	1603.60	809.60	816.90
2010 年	1888.50	712.00	1214.10	1863.60	953.20	941.10
2011 年	2139.70	809.00	1493.40	2215.40	1162.10	1135.50
2012 年	2229.80	816.30	1621.80	2536.90	1340.60	1268.40
2013 年	2340.70	871.90	1901.50	2943.20	1569.80	1783.20
2014 年	2411.10	948.40	2136.10	3357.80	1705.00	2021.90
2015 年	2352.30	984.40	2441.90	3926.40	1770.90	2226.20
2016 年	2372.90	1061.00	2805.80	4270.80	1838.30	2512.00

天津各类别生产性服务业增加值						
时期	批发服务业	物流服务业	信息服务业	金融服务业	商务服务业	科技服务业
2004年	372.32	222.83	65.14	136.97	106.14	26.92
2005年	436.14	227.16	77.13	159.24	128.77	45.60
2006年	468.12	252.86	84.35	186.87	160.72	61.40
2007年	588.50	334.67	92.82	288.17	83.39	131.12
2008年	717.15	436.37	109.37	368.10	125.25	186.76
2009年	836.84	471.01	135.45	461.20	152.88	236.39
2010年	1090.68	585.37	154.14	572.99	211.83	274.59
2011年	1463.89	632.10	172.10	756.50	277.57	332.70
2012年	1680.33	683.56	176.61	1001.59	334.72	383.61
2013年	1813.47	675.02	196.14	1235.91	520.73	510.65
2014年	1950.71	720.72	220.49	1422.28	632.29	620.26
2015年	2070.04	729.09	268.23	1603.23	735.95	762.90
2016年	2256.54	725.31	378.52	1793.57	917.83	913.35

河北各类别生产性服务业增加值						
时期	批发服务业	物流服务业	信息服务业	金融服务业	商务服务业	科技服务业
2004年	621.92	678.67	104.24	329.25	65.14	96.98
2005年	762.50	832.08	127.80	403.67	79.87	118.90
2006年	884.46	965.17	148.25	468.24	92.64	137.92
2007年	1042.54	1137.67	174.74	551.93	109.20	162.57
2008年	1259.78	1374.73	211.15	666.94	131.96	196.44
2009年	1298.82	1417.34	217.70	687.61	136.05	202.53
2010年	1551.51	1693.09	260.05	821.38	162.52	241.93
2011年	1903.84	2077.57	319.11	1007.91	199.42	296.87
2012年	2033.53	2219.09	340.85	1076.57	213.00	317.09
2013年	2149.00	2345.10	360.20	1137.70	225.10	335.10

续表

时期	批发服务业	物流服务业	信息服务业	金融服务业	商务服务业	科技服务业
2014 年	2255.10	2396.40	376.60	1347.60	213.80	353.70
2015 年	2381.20	2359.10	444.60	1480.90	243.50	385.70
2016 年	2536.90	2369.30	580.80	1731.20	347.60	404.20

上海各类别生产性服务业增加值						
时期	批发服务业	物流服务业	信息服务业	金融服务业	商务服务业	科技服务业
2004 年	745.00	493.60	303.84	612.45	253.29	171.81
2005 年	840.89	582.60	359.21	675.12	292.19	212.91
2006 年	929.16	669.01	421.31	825.20	332.98	234.12
2007 年	1077.76	723.13	500.65	1209.08	475.30	269.74
2008 年	1933.65	712.99	562.59	1414.21	610.20	327.02
2009 年	2183.85	635.01	601.73	1804.28	641.97	364.90
2010 年	2594.34	834.40	675.98	1950.96	776.13	391.28
2011 年	3040.99	868.31	784.77	2277.40	912.60	447.02
2012 年	3291.93	895.31	918.83	2450.36	1065.56	503.80
2013 年	3533.10	935.91	1086.06	2823.81	1211.96	601.50
2014 年	3647.33	1045.03	1233.91	3400.41	1355.33	828.00
2015 年	3824.22	1133.73	1398.59	4162.70	1481.27	884.84
2016 年	4119.59	1237.32	1647.66	4765.83	1628.09	1004.94

江苏各类别生产性服务业增加值						
时期	批发服务业	物流服务业	信息服务业	金融服务业	商务服务业	科技服务业
2004 年	1533.64	603.76	265.57	440.50	191.07	97.88
2005 年	1870.57	798.11	294.20	492.40	225.44	124.08
2006 年	2043.09	953.57	391.94	653.25	347.27	136.86

续表

时期	批发服务业	物流服务业	信息服务业	金融服务业	商务服务业	科技服务业
2007年	2472.64	1101.18	427.72	1054.25	408.31	161.41
2008年	3115.09	1346.26	503.63	1298.48	504.89	271.66
2009年	3579.81	1423.25	526.52	1596.98	555.72	308.84
2010年	4447.50	1768.30	605.28	2105.92	868.34	365.17
2011年	5341.39	2127.93	910.86	2600.11	1191.29	496.42
2012年	5704.66	2352.40	1103.84	3136.51	1415.19	612.53
2013年	6123.46	2425.11	1361.42	3958.79	2033.78	774.22
2014年	6559.03	2591.15	1579.55	4723.69	2469.55	884.50
2015年	6992.68	2705.44	1870.81	5302.93	2845.33	998.71
2016年	7470.27	2834.56	2443.22	6011.13	3451.12	1097.81

浙江各类别生产性服务业增加值						
时期	批发服务业	物流服务业	信息服务业	金融服务业	商务服务业	科技服务业
2004年	1126.07	444.65	273.92	523.49	197.44	95.01
2005年	1258.21	512.94	316.19	674.77	227.58	120.49
2006年	1435.97	630.94	376.17	846.63	272.92	144.72
2007年	1711.20	739.44	463.37	1122.86	320.64	174.20
2008年	1899.02	843.20	482.28	1653.45	338.74	182.85
2009年	2162.16	891.55	522.78	1880.69	377.98	188.20
2010年	2753.66	1089.49	607.81	2284.22	477.38	242.70
2011年	3491.36	1233.44	759.98	2676.44	615.29	299.87
2012年	3993.39	1328.25	885.76	2696.39	708.68	356.51
2013年	4589.13	1427.52	1095.24	2795.13	859.05	441.32
2014年	4911.71	1525.93	1355.19	2767.44	967.33	497.74
2015年	5245.03	1631.88	1693.01	2922.93	1147.95	550.21
2016年	5754.19	1774.37	2239.90	3050.61	1341.06	691.80

表 4-2 2004—2016 年生产性服务业固定资产投资(亿元)

北京各类别生产性服务业固定资产投资						
时期	批发服务业	物流服务业	信息服务业	金融服务业	商务服务业	科技服务业
2004 年	16.76	154.06	72.74	3.63	16.77	34.33
2005 年	14.02	226.20	80.29	1.62	27.76	31.81
2006 年	15.20	436.76	75.83	3.58	47.70	28.02
2007 年	28.09	570.85	97.90	5.96	46.22	27.24
2008 年	17.57	636.04	103.02	5.17	48.73	31.33
2009 年	20.23	727.68	140.01	7.40	26.33	60.76
2010 年	30.80	733.70	143.31	30.31	27.66	85.34
2011 年	28.72	698.88	112.93	86.73	46.17	91.99
2012 年	30.92	734.74	165.40	52.89	40.16	133.04
2013 年	50.75	681.44	209.74	57.39	50.49	127.40
2014 年	33.34	775.80	183.44	54.54	47.55	142.48
2015 年	58.15	849.55	242.75	73.31	64.54	98.87
2016 年	29.56	995.40	198.85	50.65	129.23	80.97

天津各类别生产性服务业固定资产投资						
时期	批发服务业	物流服务业	信息服务业	金融服务业	商务服务业	科技服务业
2004 年	24.25	93.74	28.24	0.95	4.18	2.27
2005 年	27.41	172.28	26.51	0.58	5.99	4.62
2006 年	26.84	211.74	27.13	0.12	12.13	2.25
2007 年	26.73	350.83	35.73	0.76	29.14	5.24
2008 年	54.16	338.68	55.42	0.57	55.42	14.36
2009 年	68.04	662.89	51.32	1.60	187.28	16.53
2010 年	96.41	638.38	48.34	3.24	296.97	21.53

续表

时期	批发服务业	物流服务业	信息服务业	金融服务业	商务服务业	科技服务业
2011年	127.79	549.71	72.29	39.62	446.95	23.53
2012年	190.45	612.20	89.25	31.54	420.77	27.87
2013年	257.85	741.55	76.82	43.34	548.19	78.45
2014年	323.74	769.71	125.20	58.79	596.16	133.38
2015年	471.45	860.77	171.37	31.00	744.95	104.50
2016年	868.67	787.50	173.61	21.24	2574.28	306.27

河北各类别生产性服务业固定资产投资						
时期	批发服务业	物流服务业	信息服务业	金融服务业	商务服务业	科技服务业
2004年	97.39	271.01	66.09	3.18	37.06	34.65
2005年	159.00	420.45	68.50	4.63	31.87	47.60
2006年	221.66	548.56	82.21	9.92	51.48	43.16
2007年	231.18	676.73	60.48	7.09	47.84	57.05
2008年	307.07	623.97	95.96	12.72	42.78	51.17
2009年	445.00	1026.36	12.37	12.02	115.91	78.79
2010年	464.40	1521.22	41.25	12.83	109.75	60.88
2011年	442.62	1433.06	78.64	23.14	80.81	60.88
2012年	658.30	1543.25	88.80	24.38	210.85	73.28
2013年	848.73	2123.59	115.63	44.69	338.96	150.65
2014年	879.76	2046.49	133.47	25.94	320.46	207.62
2015年	971.72	2077.54	147.17	47.87	416.92	185.65
2016年	857.76	2095.25	239.10	93.08	501.06	351.80

上海各类别生产性服务业固定资产投资						
时期	批发服务业	物流服务业	信息服务业	金融服务业	商务服务业	科技服务业
2004 年	18.35	257.49	7.04	1.04	9.03	9.37
2005 年	38.57	381.35	10.82	0.99	18.03	12.76
2006 年	46.98	575.26	13.92	5.81	9.88	20.18
2007 年	48.54	747.99	12.68	4.78	13.94	17.61
2008 年	44.48	641.39	7.87	17.27	74.29	17.31
2009 年	43.22	806.39	5.49	11.33	118.29	19.47
2010 年	73.15	512.05	12.33	23.08	53.71	20.76
2011 年	52.80	492.48	16.27	14.85	54.06	39.49
2012 年	62.10	371.03	28.98	13.77	105.72	27.82
2013 年	51.78	366.11	31.79	1.36	134.61	32.75
2014 年	31.82	383.33	36.42	3.49	153.72	39.39
2015 年	34.80	585.36	44.99	13.74	92.03	40.65
2016 年	36.45	625.77	117.01	2.48	110.55	34.57

江苏各类别生产性服务业固定资产投资						
时期	批发服务业	物流服务业	信息服务业	金融服务业	商务服务业	科技服务业
2004 年	81.77	520.96	65.39	1.08	39.38	16.86
2005 年	111.84	535.30	80.65	1.45	54.16	16.01
2006 年	190.57	564.65	83.74	1.39	56.10	20.65
2007 年	214.13	578.49	52.74	1.58	99.54	39.38
2008 年	267.16	643.33	61.36	3.11	146.75	59.06
2009 年	365.41	886.66	137.94	14.39	203.16	98.65
2010 年	442.46	996.53	152.65	38.79	268.97	114.30
2011 年	588.04	1190.32	180.43	55.41	394.19	226.12
2012 年	727.03	1383.00	271.23	97.85	690.13	337.97

续表

时期	批发服务业	物流服务业	信息服务业	金融服务业	商务服务业	科技服务业
2013 年	816. 24	1685. 86	381. 62	116. 60	691. 85	369. 22
2014 年	985. 52	2168. 98	504. 89	173. 25	879. 34	606. 63
2015 年	1447. 45	2428. 95	662. 86	150. 83	1131. 53	592. 31
2016 年	1640. 53	2542. 29	635. 48	141. 65	1545. 71	639. 21

浙江各类别生产性服务业固定资产投资						
时期	批发服务业	物流服务业	信息服务业	金融服务业	商务服务业	科技服务业
2004 年	43. 53	490. 28	105. 43	6. 89	35. 83	7. 60
2005 年	50. 78	670. 60	96. 69	4. 65	59. 53	10. 01
2006 年	86. 95	810. 90	102. 85	8. 82	55. 10	12. 26
2007 年	140. 58	721. 95	125. 35	9. 44	82. 89	12. 04
2008 年	150. 68	740. 80	134. 58	19. 18	92. 99	24. 07
2009 年	161. 57	979. 63	157. 59	21. 58	117. 44	31. 07
2010 年	200. 23	1040. 68	158. 32	36. 04	128. 97	37. 78
2011 年	226. 03	1102. 93	138. 43	25. 43	120. 32	49. 81
2012 年	320. 65	1330. 30	111. 02	92. 86	222. 05	58. 89
2013 年	405. 17	1450. 34	136. 00	94. 84	340. 15	86. 71
2014 年	427. 53	1729. 24	210. 35	92. 51	446. 85	91. 49
2015 年	410. 71	2311. 40	275. 18	102. 16	571. 70	99. 90
2016 年	370. 27	2577. 43	318. 79	88. 94	645. 94	141. 29

表 4-3　2004—2016 年生产性服务业就业人数(万人)

北京各类别生产性服务业就业人数						
时期	批发服务业	物流服务业	信息服务业	金融服务业	商务服务业	科技服务业
2004 年	120. 25	49. 78	31. 64	18. 95	81. 60	49. 20

续表

时期	批发服务业	物流服务业	信息服务业	金融服务业	商务服务业	科技服务业
2005 年	110. 48	56. 66	34. 00	19. 39	89. 23	52. 74
2006 年	103. 92	57. 24	37. 44	22. 66	98. 64	55. 99
2007 年	109. 28	63. 29	51. 18	25. 58	106. 24	59. 16
2008 年	124. 32	65. 76	58. 56	27. 84	120. 12	66. 84
2009 年	122. 98	67. 74	61. 43	31. 32	123. 95	70. 54
2010 年	128. 08	68. 59	70. 90	33. 87	136. 46	79. 28
2011 年	137. 79	76. 85	80. 98	40. 55	116. 43	82. 43
2012 年	151. 27	78. 18	88. 87	47. 95	122. 74	89. 72
2013 年	148. 84	80. 73	96. 39	49. 17	132. 94	96. 03
2014 年	149. 33	80. 85	102. 46	55. 72	151. 03	100. 40
2015 年	146. 19	75. 41	104. 08	57. 46	161. 32	99. 90
2016 年	142. 76	71. 77	104. 02	60. 24	189. 00	111. 74

天津各类别生产性服务业就业人数						
时期	批发服务业	物流服务业	信息服务业	金融服务业	商务服务业	科技服务业
2004 年	64. 49	32. 65	3. 05	5. 48	11. 21	5. 75
2005 年	65. 79	33. 26	3. 39	5. 65	11. 83	5. 93
2006 年	67. 15	36. 88	4. 13	6. 94	12. 17	7. 11
2007 年	71. 48	42. 44	4. 81	8. 58	12. 64	8. 64
2008 年	82. 03	42. 10	4. 83	9. 40	13. 82	10. 12
2009 年	92. 97	37. 10	4. 65	9. 78	16. 69	12. 50
2010 年	100. 23	30. 60	4. 92	10. 83	22. 05	17. 09
2011 年	105. 97	27. 03	5. 27	12. 18	25. 73	20. 89
2012 年	113. 04	28. 84	5. 62	13. 00	27. 46	22. 28
2013 年	118. 94	32. 35	6. 90	14. 51	29. 38	24. 96

续表

时期	批发服务业	物流服务业	信息服务业	金融服务业	商务服务业	科技服务业
2014年	128.67	39.06	9.97	15.63	31.85	28.60
2015年	140.10	46.65	13.42	17.23	38.38	33.68
2016年	144.39	51.08	16.90	20.20	44.91	37.36

河北各类别生产性服务业就业人数						
时期	批发服务业	物流服务业	信息服务业	金融服务业	商务服务业	科技服务业
2004年	252.22	143.31	15.88	23.21	18.27	9.39
2005年	257.15	148.11	13.99	23.49	23.04	9.52
2006年	266.47	156.26	12.37	23.95	30.30	9.50
2007年	279.75	162.70	13.16	24.44	34.79	9.35
2008年	289.96	166.92	14.79	26.06	34.36	9.71
2009年	296.98	169.86	16.06	27.90	32.31	10.23
2010年	306.18	174.28	16.74	28.99	33.40	10.68
2011年	318.07	180.41	17.61	29.54	35.95	11.60
2012年	332.52	186.62	18.87	29.99	38.44	13.49
2013年	351.13	191.22	22.81	31.20	42.87	15.49
2014年	372.28	197.12	26.98	33.64	45.08	16.75
2015年	383.36	200.86	27.97	36.45	45.65	17.44
2016年	388.59	201.41	27.74	38.81	45.84	18.43

上海各类别生产性服务业就业人数						
时期	批发服务业	物流服务业	信息服务业	金融服务业	商务服务业	科技服务业
2004年	125.53	47.70	7.85	15.92	38.11	13.35
2005年	128.42	48.05	8.67	17.08	41.99	14.29

续表

时期	批发服务业	物流服务业	信息服务业	金融服务业	商务服务业	科技服务业
2006 年	132.99	48.82	9.69	18.91	48.43	15.69
2007 年	155.08	46.04	11.59	19.45	54.53	16.90
2008 年	174.11	49.21	13.47	21.26	58.93	19.07
2009 年	174.02	54.92	16.34	22.65	57.62	27.05
2010 年	178.01	54.63	19.53	23.11	57.16	33.36
2011 年	181.18	56.56	23.80	26.26	60.59	31.55
2012 年	183.74	59.13	27.85	29.23	63.48	29.51
2013 年	208.41	74.16	36.37	31.47	95.52	36.30
2014 年	233.26	87.88	45.17	33.66	126.14	43.75
2015 年	236.92	87.88	45.99	34.75	128.27	44.45
2016 年	238.69	88.97	47.43	35.75	131.92	45.36

江苏各类别生产性服务业就业人数						
时期	批发服务业	物流服务业	信息服务业	金融服务业	商务服务业	科技服务业
2004 年	225.91	92.16	19.47	53.60	63.04	37.42
2005 年	244.20	90.84	20.22	52.32	65.12	36.95
2006 年	262.49	89.52	20.97	51.04	67.21	36.48
2007 年	280.79	88.21	21.71	49.76	69.30	36.02
2008 年	280.13	125.16	35.30	56.72	120.67	46.88
2009 年	367.53	122.25	40.11	58.00	119.82	46.81
2010 年	352.30	113.79	39.56	54.69	120.28	47.37
2011 年	373.79	111.02	41.73	50.78	131.52	49.20
2012 年	392.76	107.82	48.20	48.43	147.44	58.81
2013 年	415.55	112.61	71.80	43.61	140.78	90.04
2014 年	473.33	105.85	72.04	38.79	160.34	98.21
2015 年	480.98	117.64	81.45	35.31	179.34	109.81
2016 年	500.54	120.53	90.27	31.93	196.40	124.89

浙江各类别生产性服务业就业人数						
时期	批发服务业	物流服务业	信息服务业	金融服务业	商务服务业	科技服务业
2004年	372.09	123.66	17.11	18.69	24.33	10.97
2005年	376.10	124.42	19.87	18.90	28.73	10.77
2006年	383.58	127.24	24.02	19.68	37.58	12.23
2007年	410.71	131.65	45.25	21.33	44.86	14.68
2008年	434.42	136.91	61.35	24.90	41.66	15.23
2009年	436.34	141.75	58.71	28.48	42.38	16.94
2010年	442.60	144.56	53.24	29.96	53.73	19.82
2011年	451.97	145.53	45.11	31.26	67.04	22.30
2012年	455.96	144.50	41.43	35.43	77.69	25.49
2013年	470.95	142.39	40.03	38.67	86.81	29.54
2014年	488.64	143.54	43.02	39.00	94.56	32.61
2015年	503.79	148.52	51.88	41.78	96.95	34.89
2016年	527.84	154.64	66.02	46.40	100.46	39.68

表 4-4　服务业增加值平减指数

时期	北京	天津	河北	上海	江苏
2004年	100.00	100.00	100.00	100.00	100.00
2005年	104.69	112.06	105.21	103.43	110.71
2006年	110.24	113.19	107.37	104.99	114.73
2007年	118.28	116.44	111.14	109.48	121.19
2008年	122.10	129.63	114.74	113.15	130.56
2009年	121.25	132.72	118.38	114.34	131.76
2010年	128.27	144.64	122.84	119.12	146.18
2011年	137.66	155.09	132.34	123.20	160.07
2012年	141.09	159.97	134.82	121.96	164.65

续表

时期	北京	天津	河北	上海	江苏
2013 年	146.02	162.86	136.20	126.48	173.42
2014 年	147.27	164.68	132.39	128.73	177.37
2015 年	150.12	166.17	130.17	129.59	180.60
2016 年	153.01	175.05	131.28	134.58	185.75

表 4-5 固定资产投资价格指数

时期	北京	天津	河北	上海	江苏
2004 年	100.0	100.0	100.0	100.0	100.0
2005 年	100.7	101.2	101.9	100.8	100.9
2006 年	101.1	101.9	103.6	100.9	102.1
2007 年	103.9	104.6	107.6	104.4	107.1
2008 年	112.0	114.2	117.9	112.7	117.8
2009 年	108.8	111.4	113.8	109.3	115.1
2010 年	111.5	114.3	118.0	113.5	121.0
2011 年	117.9	120.9	124.5	120.8	129.2
2012 年	119.4	120.9	124.8	120.1	127.4
2013 年	119.3	120.2	124.7	120.3	128.0
2014 年	119.3	120.8	125.0	120.9	129.5
2015 年	116.4	120.7	122.5	117.3	124.5
2016 年	116.1	120.0	121.7	116.8	123.0

表 4-6 折算后 2004—2016 年生产性服务业增加值(亿元)

北京各类别生产性服务业增加值						
时期	批发服务业	物流服务业	信息服务业	金融服务业	商务服务业	科技服务业
2004 年	587.70	356.80	449.60	713.80	276.60	276.50
2005 年	672.78	385.25	560.35	802.60	344.56	331.85

续表

时期	批发服务业	物流服务业	信息服务业	金融服务业	商务服务业	科技服务业
2006年	791.02	412.93	631.73	891.17	405.58	397.87
2007年	928.51	420.63	736.00	1101.50	527.25	478.71
2008年	1168.47	408.60	818.27	1244.23	626.78	578.79
2009年	1257.69	459.04	879.56	1322.52	667.69	673.71
2010年	1472.33	555.09	946.55	1452.91	743.14	733.71
2011年	1554.35	587.69	1084.86	1609.34	844.19	824.87
2012年	1580.40	578.56	1149.47	1798.06	950.16	898.99
2013年	1602.99	597.11	1302.21	2015.60	1075.05	1221.19
2014年	1637.22	643.99	1450.48	2280.06	1157.75	1372.94
2015年	1566.90	655.72	1626.59	2615.44	1179.62	1482.91
2016年	1550.83	693.42	1833.75	2791.21	1201.43	1641.74

天津各类别生产性服务业增加值						
时期	批发服务业	物流服务业	信息服务业	金融服务业	商务服务业	科技服务业
2004年	372.32	222.83	65.14	136.97	106.14	26.92
2005年	389.21	202.72	68.83	142.11	114.91	40.69
2006年	413.57	223.40	74.52	165.09	141.99	54.25
2007年	505.41	287.42	79.71	247.48	71.62	112.61
2008年	553.23	336.63	84.37	283.96	96.62	144.07
2009年	630.52	354.88	102.06	347.49	115.19	178.11
2010年	754.08	404.72	106.57	396.16	146.46	189.85
2011年	943.92	407.58	110.97	487.79	178.98	214.53
2012年	1050.41	427.31	110.40	626.12	209.24	239.80
2013年	1113.52	414.48	120.44	758.88	319.74	313.55
2014年	1184.53	437.64	133.89	863.65	383.94	376.64

续表

时期	批发服务业	物流服务业	信息服务业	金融服务业	商务服务业	科技服务业
2015 年	1245.73	438.76	161.42	964.81	442.89	459.10
2016 年	1289.11	414.35	216.24	1024.62	524.33	521.78

河北各类别生产性服务业增加值						
时期	批发服务业	物流服务业	信息服务业	金融服务业	商务服务业	科技服务业
2004 年	621.92	678.67	104.24	329.25	65.14	96.98
2005 年	724.72	790.85	121.47	383.67	75.91	113.01
2006 年	823.78	898.95	138.08	436.12	86.29	128.45
2007 年	938.04	1023.64	157.23	496.61	98.26	146.27
2008 年	1097.93	1198.12	184.03	581.26	115.00	171.20
2009 年	1097.15	1197.27	183.90	580.84	114.92	171.08
2010 年	1262.98	1378.23	211.69	668.64	132.29	196.94
2011 年	1438.56	1569.83	241.12	761.59	150.68	224.32
2012 年	1508.33	1645.97	252.82	798.53	157.99	235.20
2013 年	1577.77	1721.75	264.46	835.29	165.27	246.03
2014 年	1703.31	1810.04	284.45	1017.86	161.49	267.16
2015 年	1829.24	1812.27	341.54	1137.63	187.06	296.30
2016 年	1932.44	1804.78	442.42	1318.71	264.78	307.89

上海各类别生产性服务业增加值						
时期	批发服务业	物流服务业	信息服务业	金融服务业	商务服务业	科技服务业
2004 年	745.00	493.60	303.84	612.45	253.29	171.81
2005 年	813.00	563.28	347.30	652.73	282.50	205.85
2006 年	885.00	637.21	401.29	785.98	317.15	222.99

续表

时期	批发服务业	物流服务业	信息服务业	金融服务业	商务服务业	科技服务业
2007年	984.39	660.48	457.28	1104.34	434.12	246.37
2008年	1708.92	630.13	497.21	1249.85	539.28	289.01
2009年	1910.04	555.39	526.29	1578.06	561.48	319.15
2010年	2177.90	700.46	567.47	1637.79	651.55	328.47
2011年	2468.26	704.77	636.97	1848.48	740.72	362.83
2012年	2699.10	734.08	753.36	2009.08	873.67	413.07
2013年	2793.50	739.99	858.71	2232.69	958.26	475.59
2014年	2833.35	811.81	958.54	2641.53	1052.86	643.21
2015年	2951.10	874.88	1079.27	3212.30	1143.08	682.82
2016年	3061.02	919.38	1224.28	3541.21	1209.74	746.71

江苏各类别生产性服务业增加值						
时期	批发服务业	物流服务业	信息服务业	金融服务业	商务服务业	科技服务业
2004年	1533.64	603.76	265.57	440.50	191.07	97.88
2005年	1689.61	720.90	265.74	444.76	203.63	112.08
2006年	1780.85	831.17	341.63	569.40	302.70	119.29
2007年	2040.33	908.65	352.94	869.93	336.92	133.19
2008年	2385.88	1031.12	385.74	994.52	386.70	208.07
2009年	2716.93	1080.19	399.61	1212.04	421.77	234.40
2010年	3042.54	1209.70	414.07	1440.66	594.03	249.81
2011年	3336.87	1329.36	569.03	1624.34	744.22	310.12
2012年	3464.70	1428.72	670.41	1904.94	859.51	372.02
2013年	3531.08	1398.43	785.06	2282.83	1172.77	446.45
2014年	3697.91	1460.86	890.53	2663.16	1392.31	498.67
2015年	3871.84	1498.00	1035.87	2936.23	1575.46	552.98
2016年	4021.60	1525.98	1315.30	3236.08	1857.90	591.00

浙江各类别生产性服务业增加值						
时期	批发服务业	物流服务业	信息服务业	金融服务业	商务服务业	科技服务业
2004 年	1126. 07	444. 65	273. 92	523. 49	197. 44	95. 01
2005 年	1239. 65	505. 37	311. 53	664. 81	224. 22	118. 71
2006 年	1389. 47	610. 51	363. 99	819. 22	264. 08	140. 03
2007 年	1575. 22	680. 68	426. 55	1033. 63	295. 16	160. 36
2008 年	1689. 49	750. 17	429. 07	1471. 02	301. 37	162. 68
2009 年	1917. 47	790. 65	463. 62	1667. 85	335. 20	166. 90
2010 年	2252. 28	891. 12	497. 14	1868. 32	390. 46	198. 51
2011 年	2654. 64	937. 84	577. 85	2035. 02	467. 83	228. 00
2012 年	3000. 15	997. 89	665. 45	2025. 74	532. 42	267. 84
2013 年	3361. 81	1045. 74	802. 33	2047. 60	629. 30	323. 29
2014 年	3648. 95	1133. 62	1006. 78	2055. 95	718. 64	369. 77
2015 年	3905. 85	1215. 22	1260. 75	2176. 64	854. 85	409. 73
2016 年	4164. 15	1284. 06	1620. 96	2207. 65	970. 49	500. 64

表 4-7　折算后 2004—2016 年生产性服务业资本存量(亿元)

北京各类别生产性服务业资本存量						
时期	批发服务业	物流服务业	信息服务业	金融服务业	商务服务业	科技服务业
2004 年	81. 78	751. 77	354. 95	17. 71	81. 83	167. 52
2005 年	92. 44	946. 33	420. 49	18. 61	106. 13	192. 41
2006 年	103. 77	1340. 47	478. 67	21. 41	149. 06	212. 43
2007 年	126. 65	1836. 10	553. 72	26. 29	187. 57	230. 14
2008 年	137. 26	2330. 34	623. 52	29. 85	223. 56	248. 90
2009 年	150. 37	2906. 00	727. 27	35. 46	238. 82	294. 79
2010 年	171. 97	3447. 72	826. 70	61. 22	254. 07	359. 53

续表

时期	批发服务业	物流服务业	信息服务业	金融服务业	商务服务业	科技服务业
2011 年	189.46	3902.75	889.44	132.36	283.08	423.19
2012 年	207.78	4362.01	992.39	171.36	305.39	517.69
2013 年	242.02	4758.82	1128.53	212.62	335.51	603.79
2014 年	260.29	5218.87	1237.18	249.84	361.95	699.09
2015 年	299.82	5739.86	1396.21	302.82	402.91	756.05
2016 年	313.30	6367.86	1511.68	334.34	498.13	795.57

天津各类别生产性服务业资本存量						
时期	批发服务业	物流服务业	信息服务业	金融服务业	商务服务业	科技服务业
2004 年	118.33	457.43	137.80	4.64	20.40	11.08
2005 年	140.69	609.37	158.48	5.03	25.50	15.20
2006 年	161.40	792.77	178.77	4.94	36.38	16.79
2007 年	180.51	1096.59	205.79	5.47	62.80	21.14
2008 年	220.72	1349.36	246.10	5.75	108.83	32.87
2009 年	272.95	1890.24	282.31	6.96	272.53	46.39
2010 年	346.36	2372.97	313.29	9.51	521.37	63.36
2011 年	438.24	2732.92	360.58	41.92	870.35	80.30
2012 年	578.30	3130.17	420.01	66.34	1183.71	100.15
2013 年	769.60	3621.65	467.09	99.73	1592.24	161.38
2014 年	1006.71	4113.71	552.01	144.39	2021.87	265.30
2015 年	1356.95	4662.15	671.88	164.29	2558.04	341.24
2016 年	2026.54	5131.89	789.67	175.42	4600.89	582.81

河北各类别生产性服务业资本存量						
时期	批发服务业	物流服务业	信息服务业	金融服务业	商务服务业	科技服务业
2004年	475.23	1322.48	322.51	15.52	180.84	169.11
2005年	612.26	1682.19	376.83	19.45	204.89	209.05
2006年	801.66	2144.24	441.09	28.24	246.37	242.34
2007年	984.50	2687.57	479.66	33.70	280.99	285.67
2008年	1205.57	3109.32	541.87	43.15	306.04	317.65
2009年	1548.49	3887.07	531.07	51.98	395.68	374.20
2010年	1880.17	5020.98	544.79	60.78	472.88	410.83
2011年	2160.57	5971.48	586.18	76.94	518.89	443.31
2012年	2601.45	6968.78	633.86	93.39	667.02	484.28
2013年	3177.91	8392.74	701.22	125.49	912.13	585.70
2014年	3754.79	9694.66	779.97	141.23	1132.07	728.40
2015年	4398.04	11003.27	868.95	174.67	1427.22	850.86
2016年	4926.75	12284.32	1030.60	244.15	1781.74	1105.81

上海各类别生产性服务业资本存量						
时期	批发服务业	物流服务业	信息服务业	金融服务业	商务服务业	科技服务业
2004年	104.98	1473.16	40.28	5.95	51.66	53.61
2005年	144.20	1843.50	50.85	6.83	69.89	65.83
2006年	192.31	2429.45	64.78	13.22	78.43	86.34
2007年	240.06	3186.67	76.67	18.15	91.21	103.00
2008年	277.92	3743.53	82.00	35.85	166.83	117.35
2009年	313.39	4463.06	84.64	46.63	287.67	133.64

续表

时期	批发服务业	物流服务业	信息服务业	金融服务业	商务服务业	科技服务业
2010年	376.10	4811.24	93.93	68.50	331.41	149.65
2011年	410.07	5076.00	105.28	79.55	368.34	180.32
2012年	452.95	5227.14	128.73	89.51	454.53	199.67
2013年	482.53	5355.31	152.87	87.18	560.35	221.85
2014年	492.12	5489.19	179.83	86.87	677.52	248.75
2015年	505.16	5820.02	214.94	96.31	736.95	277.02
2016年	519.67	6183.20	317.78	94.82	812.76	298.86

江苏各类别生产性服务业资本存量						
时期	批发服务业	物流服务业	信息服务业	金融服务业	商务服务业	科技服务业
2004年	543.97	3465.67	435.01	7.18	261.97	112.16
2005年	677.70	4071.23	529.73	8.91	326.79	129.93
2006年	901.82	4652.75	618.93	10.39	387.67	151.96
2007年	1133.44	5189.85	660.11	11.95	496.61	195.11
2008年	1388.45	5705.50	702.69	14.97	641.72	253.70
2009年	1754.54	6500.35	833.74	30.97	850.47	357.38
2010年	2171.18	7336.78	968.34	72.41	1112.39	468.85
2011年	2539.42	7964.51	1069.25	112.40	1372.96	625.09
2012年	3008.49	8731.45	1239.37	184.71	1859.73	865.36
2013年	3525.63	9698.84	1487.83	268.38	2325.67	1119.10
2014年	4145.92	10986.42	1818.35	391.48	2911.93	1542.96
2015年	5142.40	12497.44	2277.90	496.94	3704.09	1956.87
2016年	6270.07	14063.83	2703.28	592.19	4812.22	2398.13

浙江各类别生产性服务业资本存量						
时期	批发服务业	物流服务业	信息服务业	金融服务业	商务服务业	科技服务业
2004 年	543.97	3465.67	435.01	7.18	261.97	112.16
2005 年	677.70	4071.23	529.73	8.91	326.79	129.93
2006 年	901.82	4652.75	618.93	10.39	387.67	151.96
2007 年	1133.44	5189.85	660.11	11.95	496.61	195.11
2008 年	1388.45	5705.50	702.69	14.97	641.72	253.70
2009 年	1754.54	6500.35	833.74	30.97	850.47	357.38
2010 年	2171.18	7336.78	968.34	72.41	1112.39	468.85
2011 年	2539.42	7964.51	1069.25	112.40	1372.96	625.09
2012 年	3008.49	8731.45	1239.37	184.71	1859.73	865.36
2013 年	3525.63	9698.84	1487.83	268.38	2325.67	1119.10
2014 年	4145.92	10986.42	1818.35	391.48	2911.93	1542.96
2015 年	5142.40	12497.44	2277.90	496.94	3704.09	1956.87
2016 年	6270.07	14063.83	2703.28	592.19	4812.22	2398.13

第三节 计算结果

根据前述计算模型和数据处理方法，采用 DEAP 2.1 软件，可计算两地区六省市的全要素生产率指数及分项指数，其中生产性服务业全要素生产率指数及分项指数取六个子行业相应指数的几何平均值，京津冀和长三角地区全要素生产率指数及分项指数同样取域内省市相应指数的几何平均值。整理后，2004—2016 年两地区六省市生产性服务业全要素生产率和分项指标的年均增长率如表 4-8 所示，六个生产性服务业子行业全要素生产率的年均增长率如表 4-9 所示，各时期的生产性服务业全要素生产率年均增长率如表 4-10 所示。此外，两地区六省市生产性服务业及其子行业的投入产出变量年均增长率（扣除价格因素）如表 4-11 所示。

表 4-8　全要素生产率和分项指标的年均增长率(%)

指标	京津冀地区	北京	天津	河北	长三角地区	上海	江苏	浙江
全要素生产率	2.8	2.0	1.4	5.0	2.8	1.3	3.5	3.5
技术进步	6.6	5.5	6.7	7.6	6.5	6.5	6.0	7.2
技术效率	-3.5	-3.3	-5.0	-2.3	-3.5	-4.9	-2.3	-3.3
纯技术效率	-1.3	-1.9	-2.4	0.3	-0.9	-3.3	1.4	-1.0
规模效率	-2.2	-1.4	-2.6	-2.6	-2.6	-1.7	-3.7	-2.4

表 4-9　生产性服务业子行业全要素生产率年均增长率(%)

类别	京津冀地区	北京	天津	河北	长三角地区	上海	江苏	浙江
批发服务业	3.7	1.6	3.6	6.0	2.6	4.9	1.4	1.5
物流服务业	3.2	2.5	1.5	5.5	4.2	0.0	5.6	7.2
信息服务业	1.7	1.8	-4.2	7.7	0.3	-3.3	0.6	3.6
金融服务业	-1.6	-4.4	-3.2	2.9	1.5	1.3	-1.0	4.4

续表

类别	京津冀地区	北京	天津	河北	长三角地区	上海	江苏	浙江
商务服务业	2.9	2.9	1.8	4.1	4.6	2.7	9.9	1.5
科技服务业	7.3	8.3	9.5	4.1	3.5	2.1	5.1	3.2

表 4-10 各时期生产性服务业全要素生产率年均增长率(%)

时期	京津冀地区	北京	天津	河北	长三角地区	上海	江苏	浙江
2004—2005 年	9.5	11.3	4.6	12.8	6.0	5.1	2.5	10.7
2005—2006 年	6.3	7.5	2.8	8.7	6.4	-1.1	15.9	5.1
2006—2007 年	5.9	4.7	4.5	8.4	4.0	6.9	11.5	-5.5
2007—2008 年	7.6	2.7	9.6	10.9	-2.8	4.5	-12.2	-0.1
2008—2009 年	2.1	2.8	7.6	-3.8	-3.4	-6.6	-5.6	2.3
2009—2010 年	2.6	-1.5	-0.1	9.8	3.7	0.4	5.9	4.9
2010—2011 年	-4.1	-7.0	-9.8	5.2	6.2	2.5	9.1	7.1
2011—2012 年	-0.7	-2.6	4.7	-4.1	2.3	4.8	0.5	1.6
2012—2013 年	1.8	4.4	5.8	-4.6	-1.9	-10.8	0.9	4.7
2013—2014 年	-0.4	2.3	-3.4	-0.1	4.0	-2.0	8.3	6.0
2014—2015 年	1.0	1.7	-5.1	6.9	5.0	7.4	2.9	4.8
2015—2016 年	3.6	1.2	-2.5	12.6	4.4	5.6	5.7	1.9

表 4-11 生产性服务业及其子行业投入产出变量年均增长率(%)

类别	投入产出变量	京津冀地区	北京	天津	河北	长三角地区	上海	江苏	浙江
生产性服务业	增加值	11.3	11.4	12.9	10.2	12.4	12.6	12.3	12.3
	资本存量	20.6	17.2	27.1	19.6	16.0	13.9	16.7	15.8
	劳动力	5.2	5.6	8.2	3.8	5.9	7.4	6.7	4.3
批发服务业	增加值	9.6	8.4	10.9	9.9	10.5	12.5	8.4	11.5
	资本存量	21.9	11.8	26.7	21.5	21.6	14.3	22.6	21.7
	劳动力	3.7	1.4	6.9	3.7	4.8	5.5	6.9	3.0
物流服务业	增加值	7.2	5.7	5.3	8.5	7.6	5.3	8.0	9.2
	资本存量	20.5	19.5	22.3	20.4	13.3	12.7	12.4	14.8
	劳动力	3.1	3.1	3.8	2.9	2.7	5.3	2.3	1.9
信息服务业	增加值	12.3	12.4	10.5	12.8	14.2	12.3	14.3	16.0
	资本存量	12.4	12.8	15.7	10.2	13.9	18.8	16.4	10.5
	劳动力	9.4	10.4	15.3	4.8	13.5	16.2	13.6	11.9
金融服务业	增加值	13.0	12.0	18.3	12.3	15.6	15.7	18.1	12.7
	资本存量	28.3	27.7	35.4	25.8	30.5	26.0	44.4	24.2
	劳动力	7.9	10.1	11.5	4.4	2.2	7.0	-4.2	7.9

续表

类别	投入产出变量	京津冀地区	北京	天津	河北	长三角地区	上海	江苏	浙江
商务服务业	增加值	13.2	13.0	14.2	12.4	16.6	13.9	20.9	14.2
	资本存量	30.5	16.2	57.1	21.0	26.0	25.8	27.5	23.6
	劳动力	8.0	7.2	12.3	8.0	10.8	10.9	9.9	12.5
科技服务业	增加值	16.4	16.0	28.0	10.1	14.4	13.0	16.2	14.9
	资本存量	17.8	13.9	39.1	16.9	25.8	15.4	29.1	24.2
	劳动力	8.3	7.1	16.9	5.8	10.7	10.7	10.6	11.3

第四节 结果讨论与分析

一、整体比较

可以发现，2004—2016年京津冀地区和长三角地区整体增长效率处于同一水平，全要素生产率年均增长率均为2.8%。六省市中，河北生产性服务业的整体增长效率最高，生产性服务业全要素生产率年均增长5.0%；江苏和浙江居次，全要素生产率年均增长3.5%；之后依次是北京、天津和上海，全要素生产率年均增长率分别为2.0%、1.4%和1.3%(详见表4-8)。生产性服务业整体发展基础相对较弱的河北具有最高的全要素生产率增长速度，而被认为拥有较好生产性服务业发展基础的北京、天津、上海反而具有较低的全要素生产率增长速度，这可能与六省市生产性服务业产业结构特征有关。2004—2016年，北京、上海和天津生产性服务业占服务业增加值和GDP的比重较高。以上海为例，2008年生产性服务业占服务业增加值的比重就达到70%左右，接近欧美发达经济体水平；2015年生产性服务业占GDP的比重更是突破50%，在生产性服务业结构发展空间逐渐饱和的背景下，全要素生产率的提升难免会受到更多的限制和约束①。与之不同的是，到2016年，江苏和浙江生产性服务业占GDP仍为30%左右，而河北更是不足25%，在生产性服务业结构发展空间依然广阔的背景下，较高的全要素生产率增长速度也属情理之中。此外，河北生产性服务业全要素生产率增长率较高可能还与其劳动力增速较低有关，2004—2016年六省市生产性服务业实际年均增长速度均在10%以上，但是河北劳动力年均增速仅为3.8%，约为天津和上海的劳动力年均增速的一半(详见表4-11)。

就技术进步变化情况而言，京津冀和长三角地区六省市均保持5%以上的年均增长速度，其中河北和浙江生产性服务业技术进步最为明显，北京和江苏技术进步程度较弱。六省市生产性服务业技术效率均呈负增长态势，表明实际生产均未能紧跟前沿生产面“向外”扩张的步伐，利用技术的能力有所减弱。技术进步和技术效率不同的增长特征表明，技术进步是驱动六省市全要素生产率提升的主要因素，而相对较弱的技术利用能力则制约了六省市全要素生产率的进一步提升。同样，六省市生产性服务业规模效率均呈负增长态势，说明生产活动均存在规模无效率，其中江苏生产性服务业的规模无效率程度最为明显。此外，仅有江苏和

① 生产性服务业占服务业增加值比重，根据该年度“批发服务业”“物流服务业”“信息服务业”“金融服务业”“商务服务业”和“科技服务业”六个生产性服务业子行业增加值之和与服务业增加值相除而得。根据上海2017年统计年鉴，2008年和2015年上海服务业增加值为7956.03亿元和17274.62亿元。后文中其他地区生产性服务业占服务业增加值比重计算方法亦同理。

河北两省的纯技术效率为正增长而规模效率为负增长，意味江苏和河北生产性服务业非最优的生产规模是影响其技术效率提升的主要因素。（详见表4-8）

二、分行业比较

2004—2016年两地区六省市在不同行业领域表现各异。京津冀地区在科技服务业、信息服务业和批发服务业三个行业领域优于长三角地区，却在金融服务业、商务服务业和物流服务业三个行业领域弱于后者，其中京津冀地区和长三角地区分别在科技服务业和金融服务业领域的增长表现明显优于对方。北京科技服务业增长效率较高，全要素生产率年均增长8.3%，但在金融服务业领域表现不佳，全要素生产率年均-4.4%；天津科技服务业增长效率位居六省市之首，全要素生产率年均增长9.5%，但在信息服务业和金融服务业领域呈现负增长；河北六个生产性服务业子行业的增长效率均为正值，其中信息服务业全要素生产率增长最快，年均增长7.7%，金融服务业增长最慢，年均增长2.9%；上海在批发服务业领域表现最佳，全要素生产率年均增长4.9%，在信息服务业领域表现较差，全要素生产率年均下降为-3.3%；江苏商务服务业增长效率同样居六省市之首，全要素生产率年均增长9.9%，但在金融服务业领域年均增速为负；浙江六个生产性服务业子行业的增长效率也均为正值，其中物流服务业全要素生产率增长最快，年均增长7.2%，批发服务业和商务服务业增

长最慢，年均增长 1.5%。(详见表 4-9)

值得注意的是，六省市在各生产性服务业子行业领域中，仅有北京、天津和江苏的金融服务业以及天津和上海的信息服务业全要素生产率年均增速为负值，表明这些行业的产出增长过于依赖要素投入，是制约生产性服务业全要素生产率提升的短板行业。以上海信息服务业和江苏金融服务业为例，2004—2016 年，上海信息服务业资本存量年均增长率达 18.8%，劳动力年均增长率达 16.2%，而增加值年均增长率低于前两者仅为 12.3%，表明其产出过于依赖要素投入；江苏金融服务业虽然劳动力年均增长率为-4.2%，增加值增速为 18.1%，但其资本存量年均增长率却高达 44.4%，远高于增加值增速，表明其产出过于依赖资本投入。(详见表 4-11)

三、分时期比较

若将分析期分为 2004—2010 年和 2011—2016 年两个阶段，整理后，前后两个时期两地区六省市生产性服务业及其子行业全要素生产率年均增长率如表 4-12 所示。可以发现，京津冀地区生产性服务业在前半期的增长效率表现明显优于长三角地区，全要素生产率年均增长率较长三角地区高出 3.4 个百分点，但在后半期的表现却又明显差于长三角地区，全要素生产率年均增长率较后者低出 3.1 个百分点。六省市中，仅有江苏和浙江两省在后半期的增长效率表现好于前半期，北京、天津、河北和上海则与之相反，说明近五年来，江苏和浙江生产性服务业的增长效率优于河北等其他省市。值得关注的是，北京批发服务业和商务服务业，金融服务业和信息服务业、天津物流服务业，河北科技服务业，上海物流服务业和商务服务业，科技服务业和江苏批发服务业，以及浙江金融服务业的全要素生产率在2004—2010年的年均增速为正值，但在2011—2016年为负值，显示这些行业增长效率在后半段时期有所弱化。（详见表4-12）

表4-12 前后两个时期生产性服务业及其子行业全要素生产率增长率(%)

地区/省市	时期	批发服务业	物流服务业	信息服务业	金融服务业	商务服务业	科技服务业	生产性服务业
京津冀地区	2004—2010年	8.8	7.5	3.4	1.8	1.3	11.4	5.6
	2011—2016年	-1.1	-1.0	-0.1	-4.5	4.5	3.3	0.2
北京	2004—2010年	13.0	2.1	-1.0	-3.2	8.4	8.7	4.5
	2011—2016年	-8.6	3.0	4.7	-4.1	-2.3	8.0	-0.1
天津	2004—2010年	4.5	11.7	0.2	3.9	-5.7	15.5	4.8
	2011—2016年	2.8	-7.8	-8.4	-9.9	9.8	3.8	-1.9
河北	2004—2010年	9.0	8.9	11.5	4.9	1.8	10.2	7.7
	2011—2016年	3.1	2.1	3.9	0.9	6.5	-1.6	2.5
长三角地区	2004—2010年	5.4	7.1	-5.9	-1.0	5.2	3.3	2.2
	2011—2016年	-0.1	1.4	6.8	4.2	4.1	3.6	3.3
上海	2004—2010年	9.5	3.6	-4.6	-3.9	9.3	-4.3	1.4
	2011—2016年	0.5	-3.5	-2.0	6.7	-3.5	8.9	1.1

续表

地区/省市	时期	批发服务业	物流服务业	信息服务业	金融服务业	商务服务业	科技服务业	生产性服务业
江苏	2004—2010 年	4.1	8.4	-4.3	-11.6	8.4	12.4	2.5
	2011—2016 年	-1.2	2.9	5.7	11.0	11.4	-1.8	4.5
浙江	2004—2010 年	2.7	9.4	-8.6	14.1	-1.8	2.4	2.8
	2011—2016 年	0.4	5.1	17.5	-4.4	4.8	3.9	4.3

从生产性服务业全要素生产率出现负增长的次数来看（详见表 4-10），在 2004—2016 年京津冀地区和长三角地区均为三次，但京津冀地区三次负增长均在后半段时期，而长三角地区在后半段时期仅出现一次负增长。六省市中，江苏和浙江生产性服务业全要素生产率出现负增长的次数较少，且均发生在前半段时期；北京生产性服务业全要素生产率在 2009—2012 年连续三年负增长；河北和上海生产性服务业全要素生产率均有四次出现负增长，其中河北在前半段时期仅有一次负增长，在后半段时期有三次负增长，上海在前后两段时期均有两次出现负增长；天津生产性服务业全要素生产率出现负增长的次数最多，且多数发生在后半段时期，尤其是 2013—2016 年，天津生产性服务业全要素生产率连续三年负增长。

第五节 小结与启示

一、研究小结

本研究以全要素生产率为视角，采用 Malmquist-DEA 法对京津冀和长三角地区六省市生产性服务业及其子行业在 2004—2016 年的增长效率进行分析，得出以下几个结论：第一，整体而言，京津冀地区和长三角地区生产性服务业具有相同水平的增长效率，但在 2004—2010 年前半段时期京津冀地区生产性服务业具有更高的增长效率，而在 2011—2016 年后半段时期长三角地区表现更佳；第二，六省市中，河北生产性服务业的整体增长效率最高，江苏和浙江居次，之后依次是北京、天津和上海，但在 2011—2016 年后半段时期，江苏和浙江生产性服务业的增长效率明显高于河北、上海、北京和天津等省市；第三，技术进步是驱动京津冀和长三角地区以及六省市全要素生产率提升的主要因素，而相对较弱的技术利用能力则制约了其全要素生产率的进一步提升；第四，两地区六省市在不同行业领域表现各异，其中金融服务业是北京、天津和江苏生产性服务业明显的短板领域，信息服务业则是天津和上海明显的短板领域。

二、政策启示

首先，鉴于京津冀地区和长三角地区各省市的技术效率和规模效率年均增速均呈下降趋势，六省市均应大力提升生产性服务业对技术的利用能力，大力推动各类先进技术在生产性服务业各领域的示范和应用，同时应进一步优化要素的投入规模和配置比例，提升资本和劳动力的生产效率。

其次，北京、天津和河北等京津冀地区省市应对生产性服务业增长效率在2004—2010年和2011—2016年两个时期“前高后低”甚至是“前正后负”的表现予以高度重视，努力提高资本利用效率，加强人力资本积累，避免生产性服务业全要素生产率的继续下滑。

最后，六省市均应着力补齐自身生产性服务业的短板领域，尤其是如北京、天津和江苏的金融服务业以及天津、上海的信息服务业等全要素生产率年均增速为负增长的行业，以及如河北的科技服务业和浙江的金融服务业等在后半段时期全要素生产率显著弱化的行业。

第五章　我国制造业与生产性服务业产业关联分析

本部分以我国 2002 年、2005 年、2007 年、2010 年、2012 年、2015 年、2017 年、2018 年、2020 年九次投入产出数据为例，采用第二章第二节所述方法分析我国制造业与生产性服务业的产出结构特征，并测算两大产业之间的产业关联。

第一节　投入产出数据处理

首先，将我国整个经济体系分为三个产业部门：制造业、生产性服务业和其他产业，每个产业部门都有一些子产业。在历年的投入产出表中，制造业有很多子行业，鉴于部分子行业规模过小，本研究根据第三章所述方法将其进一步划分为低技术制造业、中技术制造业和高技术制造业三个部分。与第四章所述方法相同，生产性服务业的六个子行业分别是批发服务业、物流服务业、信息服务业、金融服务业、商务服务业和科技服务业。其他产业的三个子行业是第一产业，不含制造业的第二产业（简称为其他第二产业），不含生产性服务业的第三产业（简称为其他第三产业）。重新调整后的各年度中国投入产出表如表 5-1～表 5-9 所示①。

① 2002 年、2005 年、2007 年、2010 年、2012 年、2015 年、2017 年、2018 年、2020 年九个年度的中国投入产出表原始数据详见国家统计局官方网站：https：//data. stats. gov. cn/files/html/quickSearch/trcc/trcc06. html？eqid=f2ff301e003265f900 000003647c51fe。

表 5-1　重新调整后的 2002 年度中国投入产出表（单位：万亿元）

投入/产出	低技术制造业	中技术制造业	高技术制造业	批发服务业	物流服务业	信息服务业	金融服务业	商务服务业	科技服务业	第一产业	其他第二产业	其他第三产业	最终需求	总产出
低技术制造业	99.49	4.03	15.64	8.15	7.23	4.55	6.63	1.35	0.84	32.08	15.29	32.50	201.85	429.6098
中技术制造业	13.14	123.20	160.61	1.91	25.47	2.23	1.35	1.49	1.20	9.41	324.68	11.04	-237.09	438.637
高技术制造业	35.53	21.20	277.73	8.56	42.16	43.61	2.46	2.04	1.65	50.27	147.70	25.72	308.92	967.5407
批发服务业	18.35	12.09	40.67	8.27	11.67	7.85	3.42	0.30	1.48	2.97	41.36	18.16	143.56	310.15
物流服务业	12.26	12.67	41.93	99.52	15.77	3.52	5.51	0.67	5.55	3.01	51.24	30.53	50.88	333.0715
信息服务业	1.48	1.13	3.67	9.21	1.75	9.02	3.04	0.08	0.94	0.17	5.20	15.09	97.25	148.03
金融服务业	8.01	7.94	25.00	15.65	8.30	6.72	0.86	2.18	0.31	0.60	19.26	10.21	-34.42	70.62
商务服务业	4.01	1.23	5.19	1.31	1.29	1.18	2.55	3.34	2.89	0.46	7.57	4.09	-11.46	23.64
科技服务业	1.16	2.10	5.96	0.00	0.65	3.06	0.32	0.00	8.42	3.40	3.56	0.69	34.22	63.53
第一产业	97.87	2.51	39.98	6.12	0.01	0.00	0.00	0.00	0.00	94.22	6.27	10.53	264.93	522.4421
其他第二产业	11.82	133.18	54.43	42.14	24.51	6.46	4.19	1.46	2.53	11.95	64.64	34.38	804.09	1195.768
其他第三产业	8.25	5.73	25.30	17.38	7.31	5.33	8.41	0.84	4.84	2.22	15.76	37.33	477.92	616.62
增加值	118.24	111.62	271.45	91.95	186.94	54.50	31.90	9.89	32.88	311.69	493.23	386.36		
总投入	429.61	438.64	967.54	310.15	333.07	148.03	70.62	23.64	63.53	522.44	1195.77	616.62		

表 5-2 重新调整后的 2005 年度中国投入产出表（单位：万亿元）

投入/产出	低技术制造业	中技术制造业	高技术制造业	批发服务业	物流服务业	信息服务业	金融服务业	商务服务业	科技服务业	第一产业	其他第二产业	其他第三产业	最终需求	总产出
低技术制造业	2132. 62	155. 65	265. 24	76. 19	38. 18	30. 91	23. 56	94. 04	14. 57	334. 59	154. 22	693. 00	3096. 47	7109. 244
中技术制造业	208. 62	2503. 89	2083. 69	29. 40	436. 88	13. 77	9. 71	38. 21	32. 59	73. 13	1762. 46	143. 92	190. 49	7526. 769
高技术制造业	666. 94	515. 31	5719. 14	112. 39	262. 86	291. 88	39. 78	351. 86	91. 38	337. 48	988. 48	675. 03	3093. 05	13145. 58
批发服务业	174. 72	185. 24	253. 62	13. 44	25. 39	18. 06	4. 62	21. 31	10. 88	44. 02	135. 80	99. 24	947. 49	1933. 846
物流服务业	199. 92	291. 25	374. 87	40. 78	303. 95	11. 88	34. 54	33. 60	26. 13	82. 62	301. 37	135. 92	674. 46	2511. 29
信息服务业	44. 10	65. 32	134. 14	26. 56	23. 12	23. 16	50. 43	16. 94	11. 70	5. 68	175. 56	97. 32	320. 91	994. 9477
金融服务业	53. 81	67. 13	116. 13	48. 56	114. 26	6. 71	68. 13	29. 34	20. 02	40. 59	99. 79	114. 74	246. 96	1026. 162
商务服务业	143. 65	56. 55	261. 12	69. 22	34. 27	14. 94	35. 26	43. 97	19. 19	9. 41	123. 97	113. 75	107. 41	1032. 704
科技服务业	14. 15	19. 35	40. 60	7. 14	2. 27	8. 03	1. 29	0. 89	56. 91	29. 82	58. 59	17. 28	340. 01	596. 325
第一产业	1382. 02	45. 93	155. 94	19. 78	34. 87	0. 24	0. 00	2. 78	6. 01	578. 99	392. 62	163. 49	1162. 41	3945. 09
其他第二产业	190. 56	1746. 93	791. 87	41. 91	85. 28	56. 11	31. 05	24. 99	34. 37	71. 82	1068. 58	347. 20	3553. 86	8044. 515
其他第三产业	129. 32	114. 07	225. 49	95. 03	66. 39	42. 44	97. 06	83. 54	67. 51	29. 89	184. 22	506. 40	4768. 37	6409. 728
增加值	1768. 82	1760. 15	2723. 74	1353. 45	1083. 57	476. 80	630. 72	291. 24	205. 06	2307. 04	2598. 84	3302. 44		
总投入	7109. 24	7526. 77	13145. 58	1933. 85	2511. 29	994. 95	1026. 16	1032. 70	596. 32	3945. 09	8044. 51	6409. 73		

表 5-3 重新调整后的 2007 年度中国投入产出表（单位：万亿元）

投入/产出	低技术制造业	中技术制造业	高技术制造业	批发服务业	物流服务业	信息服务业	金融服务业	商务服务业	科技服务业	第一产业	其他第二产业	其他第三产业	最终需求	总产出
低技术制造业	3813.91	303.29	508.01	117.31	63.17	26.67	60.25	142.68	15.25	482.15	242.77	942.76	4380.50	11098.73
中技术制造业	351.96	4627.58	3560.38	19.87	624.53	4.26	15.20	68.89	27.46	66.43	3161.17	201.16	594.09	13322.98
高技术制造业	1023.83	982.74	9697.66	135.03	346.47	162.35	29.25	267.20	108.97	426.02	1468.10	960.32	5160.86	20768.81
批发服务业	218.09	221.10	479.10	18.77	40.07	27.04	7.69	24.11	7.12	72.25	205.14	150.89	1411.89	2883.254
物流服务业	261.76	323.84	423.13	259.78	226.47	18.68	44.85	50.85	20.65	79.75	635.59	166.78	730.96	3243.087
信息服务业	25.34	74.47	77.03	31.72	29.78	34.03	49.44	4.22	2.78	17.33	118.79	86.67	451.43	1003.042
金融服务业	124.35	165.57	253.82	114.07	158.62	13.88	125.06	47.16	13.06	40.64	219.51	179.90	492.48	1948.102
商务服务业	111.56	39.19	209.78	174.34	16.73	34.74	86.72	47.86	6.97	7.15	41.92	140.64	260.85	1178.458
科技服务业	31.11	42.65	154.61	17.83	4.03	3.63	2.75	1.18	26.43	38.15	119.85	16.86	118.52	577.6104
第一产业	2223.13	67.47	167.28	0.76	37.97	0.00	0.00	2.01	5.61	687.72	33.80	208.64	1454.90	4889.3
其他第二产业	239.30	3260.18	931.39	56.72	69.41	25.57	20.64	14.18	9.92	51.36	2306.05	285.85	5296.99	12567.57
其他第三产业	144.92	144.29	246.50	203.81	127.53	50.10	163.12	127.37	36.86	54.43	225.55	629.58	6250.89	8404.957
增加值	2529.47	3070.60	4060.13	1733.24	1498.29	602.09	1343.13	380.75	296.53	2865.92	3789.32	4434.91		
总投入	11098.73	13322.98	20768.81	2883.25	3243.09	1003.04	1948.10	1178.46	577.61	4889.30	12567.57	8404.96		

表 5-4 重新调整后的 2010 年度中国投入产出表（单位：万亿元）

投入/产出	低技术制造业	中技术制造业	高技术制造业	批发服务业	物流服务业	信息服务业	金融服务业	商务服务业	科技服务业	第一产业	其他第二产业	其他第三产业	最终需求	总产出
低技术制造业	5474.04	462.64	840.24	106.04	107.20	61.85	82.97	278.69	37.22	728.51	388.46	1346.07	6090.47	16004.39
中技术制造业	504.85	6200.01	5727.18	21.39	965.68	8.92	27.14	127.69	64.44	90.13	4742.01	269.84	295.39	19044.68
高技术制造业	1372.03	1435.49	15054.15	125.92	584.55	267.11	55.41	348.17	211.48	611.82	2189.09	1401.12	9126.12	32782.48
批发服务业	330.12	331.62	831.24	20.65	71.63	53.11	13.67	49.97	17.18	95.20	339.07	180.14	1968.59	4302.172
物流服务业	425.97	495.65	818.51	290.67	430.18	54.04	93.80	116.15	68.13	132.49	1220.07	281.16	499.97	4926.786
信息服务业	38.20	95.73	127.40	33.09	37.07	73.25	91.91	8.05	6.25	22.38	184.32	102.10	866.89	1686.651
金融服务业	201.69	273.01	475.28	138.87	284.66	34.99	259.12	97.76	29.84	55.14	353.43	297.53	727.32	3228.658
商务服务业	204.35	69.64	435.27	198.33	31.59	84.75	196.60	94.33	16.57	10.21	75.38	221.46	538.82	2177.302
科技服务业	59.14	77.20	324.64	22.03	7.22	11.09	6.76	2.68	70.50	63.84	216.96	23.81	321.49	1207.365
第一产业	3571.39	114.36	298.93	0.98	114.63	0.00	0.00	5.11	15.51	922.02	61.27	287.08	1540.69	6931.98
其他第二产业	340.33	5274.28	1367.02	61.69	116.96	48.05	36.72	29.17	23.77	78.28	3678.86	387.13	8429.07	19871.33
其他第三产业	208.56	211.49	404.69	227.02	232.20	101.29	266.50	241.02	82.80	68.59	336.55	759.94	9960.07	13100.71
增加值	3273.73	4003.54	6077.94	3055.49	1943.22	888.19	2098.06	778.50	563.69	4053.36	6085.85	7543.33		
总投入	16004.39	19044.68	32782.48	4302.17	4926.79	1686.65	3228.66	2177.30	1207.36	6931.98	19871.33	13100.71		

表 5-5 重新调整后的 2012 年度中国投入产出表（单位：万亿元）

投入/产出	低技术制造业	中技术制造业	高技术制造业	批发服务业	物流服务业	信息服务业	金融服务业	商务服务业	科技服务业	第一产业	其他第二产业	其他第三产业	最终需求	总产出
低技术制造业	6945. 77	370. 43	1031. 29	105. 24	133. 77	103. 88	242. 24	376. 74	58. 73	948. 68	582. 56	1469. 37	7865. 64	20234. 35
中技术制造业	543. 61	8550. 21	5879. 51	24. 14	968. 00	7. 70	29. 00	358. 35	204. 70	155. 28	6350. 55	228. 25	364. 32	23663. 63
高技术制造业	1400. 99	1562. 54	17331. 21	136. 60	623. 59	416. 63	34. 13	531. 70	499. 95	831. 06	2210. 75	1421. 41	10936. 26	37936. 82
批发服务业	919. 59	337. 95	1309. 17	203. 07	131. 65	66. 98	70. 21	151. 88	74. 49	131. 87	406. 57	430. 89	2981. 21	7215. 534
物流服务业	557. 63	608. 16	991. 12	247. 18	880. 29	31. 49	123. 38	176. 37	79. 71	108. 45	639. 32	444. 38	1309. 20	6196. 666
信息服务业	26. 39	26. 69	86. 23	22. 39	57. 62	310. 30	157. 58	17. 70	11. 48	8. 79	181. 56	199. 95	1401. 82	2508. 51
金融服务业	253. 58	565. 58	740. 68	283. 55	515. 00	99. 93	364. 85	233. 98	94. 86	110. 49	829. 58	765. 20	1044. 14	5901. 403
商务服务业	222. 20	169. 65	540. 65	642. 98	78. 20	114. 33	541. 93	196. 18	55. 40	3. 08	205. 89	314. 08	355. 96	3440. 519
科技服务业	56. 53	107. 35	483. 70	27. 95	9. 11	35. 66	10. 47	1. 82	317. 27	51. 60	578. 58	23. 46	789. 86	2493. 361
第一产业	4258. 25	17. 84	443. 80	1. 41	79. 50	5. 20	0. 06	24. 19	20. 99	1232. 06	112. 37	329. 30	2417. 16	8942. 135
其他第二产业	371. 20	6220. 84	1435. 37	96. 95	187. 36	42. 02	86. 35	16. 22	30. 49	90. 69	4481. 99	400. 52	11112. 79	24572. 8
其他第三产业	156. 82	182. 92	434. 24	440. 98	239. 11	94. 46	722. 42	233. 84	127. 64	34. 21	286. 02	1002. 67	13101. 65	17056. 99
增加值	4521. 79	4943. 47	7229. 84	4983. 10	2293. 47	1179. 95	3518. 77	1121. 55	917. 64	5235. 88	7707. 04	10027. 50		
总投入	20234. 35	23663. 63	37936. 82	7215. 53	6196. 67	2508. 51	5901. 40	3440. 52	2493. 36	8942. 13	24572. 80	17056. 99		

表 5-6 重新调整后的 2015 年度中国投入产出表（单位：万亿元）

投入/产出	低技术制造业	中技术制造业	高技术制造业	批发服务业	物流服务业	信息服务业	金融服务业	商务服务业	科技服务业	第一产业	其他第二产业	其他第三产业	最终需求	总产出
低技术制造业	9218.86	659.88	1610.46	168.93	212.30	152.17	281.96	705.44	77.03	1325.27	990.76	2004.44	8880.98	26288.46
中技术制造业	620.72	9623.45	6285.16	23.70	802.19	6.96	18.51	497.08	225.48	103.65	8257.79	205.14	76.44	26746.26
高技术制造业	1683.37	2457.29	21948.67	226.36	911.69	583.82	32.25	923.87	650.67	1062.85	3351.28	2076.69	12087.06	47995.87
批发服务业	1200.49	618.17	1927.21	358.25	200.11	98.48	78.31	287.57	103.48	123.68	751.28	508.10	4267.77	10522.91
物流服务业	616.69	901.89	1277.27	378.87	1300.50	52.80	170.38	356.40	119.67	116.68	1158.85	615.03	1076.56	8141.59
信息服务业	45.21	61.59	151.42	41.37	88.66	503.91	204.17	42.44	16.87	10.33	385.05	281.65	1957.67	3790.32
金融服务业	331.00	898.65	1019.07	424.76	722.42	131.13	595.79	433.73	134.39	109.27	1449.01	977.23	1597.63	8824.07
商务服务业	371.40	375.47	989.98	1243.18	125.62	191.32	638.70	452.43	86.46	3.98	446.01	512.10	593.86	6030.52
科技服务业	70.31	146.26	574.57	30.80	11.42	29.41	8.44	1.88	465.98	55.06	1050.69	18.42	851.98	3315.22
第一产业	5788.35	35.01	736.03	2.65	72.59	6.72	0.07	53.40	21.23	1389.98	188.46	464.71	1946.43	10705.64
其他第二产业	333.45	5875.80	1528.70	117.41	273.87	36.48	69.05	25.32	28.35	73.79	5688.50	435.89	17819.33	32305.96
其他第三产业	245.54	384.22	740.58	887.96	372.14	161.76	939.23	542.68	196.27	40.69	583.39	1513.66	16869.70	23477.82
增加值	5763.07	4708.60	9206.75	6618.67	3048.10	1835.37	5787.21	1708.28	1189.33	6290.41	8004.88	13864.75		
总投入	26288.46	26746.26	47995.87	10522.91	8141.59	3790.32	8824.07	6030.52	3315.22	10705.64	32305.96	23477.82		

表 5-7　重新调整后的 2017 年度中国投入产出表（单位：万亿元）

投入/产出	低技术制造业	中技术制造业	高技术制造业	批发服务业	物流服务业	信息服务业	金融服务业	商务服务业	科技服务业	第一产业	其他第二产业	其他第三产业	最终需求	总产出
低技术制造业	8570.65	431.49	1121.97	115.54	139.46	197.62	336.74	807.92	130.31	968.79	757.57	2350.60	10769.80	26698.46
中技术制造业	679.78	8395.67	5840.35	35.64	839.76	13.75	30.39	417.47	261.79	71.56	8428.48	229.44	947.66	26191.75
高技术制造业	1855.21	1614.27	22273.82	182.76	1040.60	442.85	59.08	642.04	895.56	1026.88	3240.54	2466.20	12258.21	47998.02
批发服务业	1549.47	767.84	2333.58	73.63	251.15	81.05	60.57	240.88	117.57	236.66	1225.90	719.93	3931.11	11589.36
物流服务业	908.80	784.20	1430.63	723.60	1104.33	85.64	165.63	450.98	232.75	250.33	936.06	816.30	2366.07	10255.33
信息服务业	63.27	36.37	291.76	69.37	176.57	925.69	306.41	68.59	61.44	15.91	329.36	460.22	2847.83	5652.80
金融服务业	220.97	571.45	671.38	477.29	1105.40	116.95	791.20	488.66	140.81	145.11	1352.42	1290.09	2062.31	9434.05
商务服务业	515.64	264.19	922.68	1088.66	209.57	372.34	841.23	724.08	206.59	26.88	520.43	831.95	656.30	7180.55
科技服务业	55.36	76.54	347.53	84.05	24.52	17.64	11.04	0.84	573.84	78.43	1718.69	27.16	2088.97	5104.60
第一产业	5736.01	25.29	515.11	0.12	1.01	3.65	0.91	51.53	29.18	1468.38	192.74	482.74	2505.72	11012.40
其他第二产业	446.59	6089.86	1548.79	123.18	274.74	68.64	84.86	34.83	52.19	114.09	5029.42	551.91	20227.97	34647.09
其他第三产业	256.72	253.01	550.12	909.20	442.44	374.07	1342.65	900.91	356.54	64.15	516.78	2382.75	21659.60	30008.94
增加值	5839.97	6881.57	10150.31	7706.30	4645.76	2952.91	5403.32	2351.83	2046.02	6545.24	10398.69	17399.65		
总投入	26698.46	26191.75	47998.02	11589.36	10255.33	5652.80	9434.05	7180.55	5104.60	11012.40	34647.09	30008.94		

表 5-8 重新调整后的 2018 年度中国投入产出表（单位：万亿元）

投入/产出	低技术制造业	中技术制造业	高技术制造业	批发服务业	物流服务业	信息服务业	金融服务业	商务服务业	科技服务业	第一产业	其他第二产业	其他第三产业	最终需求	总产出
低技术制造业	8302.45	462.53	1152.85	131.97	152.13	222.45	359.87	907.38	164.73	902.41	871.86	2656.29	9812.67	26099.59
中技术制造业	703.14	9474.82	6443.74	45.35	987.62	19.38	43.53	513.38	354.34	77.39	9640.67	286.57	1225.11	29815.05
高技术制造业	1832.61	1632.93	22990.43	219.64	1059.63	540.08	54.83	699.65	1032.57	980.95	3588.95	2534.23	13464.09	50630.59
批发服务业	1670.00	952.35	2664.48	92.12	270.57	104.54	68.48	291.04	156.37	251.68	1579.03	865.09	4420.55	13386.30
物流服务业	901.17	882.96	1585.19	863.60	1304.65	118.77	179.94	555.43	277.41	243.76	1046.84	926.15	2377.93	11263.82
信息服务业	72.76	46.51	345.64	89.18	257.83	1282.90	439.03	102.24	101.94	20.05	418.84	702.57	3068.80	6948.29
金融服务业	220.31	610.16	718.24	594.19	1045.27	151.44	897.70	561.74	175.01	145.17	1505.46	1506.59	2692.09	10823.39
商务服务业	510.93	294.51	997.18	1296.21	253.68	483.59	1001.31	849.02	266.63	26.92	629.33	1008.79	755.42	8373.53
科技服务业	55.41	82.34	369.62	101.40	29.34	20.14	12.56	1.00	693.61	78.39	2083.45	30.72	2652.02	6210.00
第一产业	5462.89	29.95	528.48	0.13	1.34	4.34	0.99	59.77	36.40	1405.57	183.67	620.15	2793.02	11126.69
其他第二产业	440.78	6874.89	1657.42	132.27	327.98	92.50	95.80	40.75	65.48	110.94	5846.97	675.21	23469.27	39830.24
其他第三产业	244.73	263.04	554.20	1049.52	461.36	466.44	1565.36	1044.49	433.72	59.61	538.06	2887.04	25474.76	35042.34
增加值	5682.39	8208.05	10623.12	8770.72	5112.44	3441.71	6104.00	2747.63	2451.78	6823.82	11897.10	20342.96		
总投入	26099.59	29815.05	50630.59	13386.30	11263.82	6948.29	10823.39	8373.53	6210.00	11126.69	39830.24	35042.34		

表 5-9 重新调整后的 2020 年度中国投入产出表（单位：万亿元）

投入/产出	低技术制造业	中技术制造业	高技术制造业	批发服务业	物流服务业	信息服务业	金融服务业	商务服务业	科技服务业	第一产业	其他第二产业	其他第三产业	最终需求	总产出
低技术制造业	8200.36	496.22	1234.33	147.34	180.29	350.38	280.78	1033.60	207.75	1098.02	893.64	2813.83	14894.51	27025.56
中技术制造业	686.04	9682.48	6547.33	39.93	1020.10	22.76	39.12	535.89	433.54	67.48	9718.33	302.97	11334.89	30342.08
高技术制造业	1727.70	1667.46	23154.51	262.11	1235.19	709.59	36.29	759.45	1278.10	1044.98	3737.99	2815.06	20992.26	51822.66
批发服务业	1828.33	1057.29	2897.48	112.26	354.57	158.73	57.36	348.68	212.08	324.45	1731.60	1003.92	7958.36	14985.15
物流服务业	850.66	871.23	1567.06	909.76	1732.53	137.80	135.42	575.40	281.49	255.03	1027.39	910.63	4930.37	11991.71
信息服务业	86.51	56.52	449.12	112.66	363.62	1941.05	415.02	144.22	144.54	23.80	460.53	889.82	5939.17	9652.43
金融服务业	214.98	643.44	750.57	666.16	1124.49	191.32	881.19	661.78	226.25	157.67	1610.15	1751.45	6933.50	12293.70
商务服务业	558.71	355.73	1130.34	1599.35	361.86	742.16	770.43	1046.09	363.00	31.30	732.94	1253.07	2697.95	9625.63
科技服务业	54.46	89.04	400.79	112.82	38.02	32.81	8.41	1.23	872.79	81.84	2494.98	34.15	5903.05	7513.42
第一产业	6033.29	38.20	642.33	0.14	1.54	5.10	0.67	73.63	53.80	1831.34	191.73	676.78	6468.13	13316.83
其他第二产业	431.28	6801.53	1603.00	149.07	390.41	107.91	72.48	48.14	82.95	122.04	6409.64	758.43	32696.15	42382.91
其他第三产业	226.82	272.46	618.95	1337.50	621.34	772.67	1234.82	1212.25	546.44	61.41	583.14	3312.06	32107.44	38950.70
增加值	6126.41	8310.47	10826.86	9536.03	4567.75	4480.14	8361.71	3185.27	2810.70	8217.47	12790.84	22428.54		
总投入	27025.56	30342.08	51822.66	14985.15	11991.71	9652.43	12293.70	9625.63	7513.42	13316.83	42382.91	38950.70		

第二节　计算结果

根据第二章第二节所述方法，2002 年、2005 年、2007 年、2010 年、2012 年、2015 年、2017 年、2018 年和 2020 年我国制造业、生产性服务业及其子行业的总产出解如表 5-10～表 5-18 所示；我国制造业、生产性服务业及其子行业的产出结构，即产业内部效应和外部关联效应比例，如表 5-19 所示；其他产业对制造业、生产性服务业及其子行业的产业关联效应比例如表 5-20 所示。2002—2020 年我国制造业对生产性服务业及其子行业的产业关联效应、产业关联贡献和产业关联系数如表 5-21～表 5-23 所示；2002—2020 年我国生产性服务业对制造业及其子行业的产业关联效应、产业关联贡献和产业关联系数如表 5-24～表 5-26 所示。

表 5-10 2002 年度总产出分解（单位：万亿元）

产业部门或子行业	总产出	产业内乘数效应	产业间传入溢出效应	来自制造业的产业间传入溢出效应	来自生产性服务业的产业间传入溢出效应	来自其他产业的产业间传入溢出效应	产业间反馈效应
制造业	1.84	0.51	1.28	–	0.19	1.09	0.05
低技术制造业	0.43	0.27	0.14	–	0.02	0.13	0.02
中技术制造业	0.44	−0.21	0.64	–	0.07	0.58	0.01
高技术制造业	0.97	0.45	0.49	–	0.10	0.39	0.03
生产性服务业	0.95	0.39	0.52	0.10	–	0.42	0.04
批发服务业	0.31	0.16	0.14	0.03	–	0.11	0.01
物流服务业	0.33	0.11	0.21	0.04	–	0.17	0.02
信息服务业	0.15	0.11	0.04	0.01	–	0.03	0.00
金融服务业	0.07	−0.02	0.08	0.02	–	0.07	0.01
商务服务业	0.02	−0.01	0.03	0.01	–	0.02	0.00
科技服务业	0.06	0.04	0.02	0.00	–	0.02	0.00

表 5-11　2005 年度总产出分解（单位：万亿元）

产业部门或子行业	总产出	产业内乘数效应	产业间传入溢出效应	来自制造业的产业间传入溢出效应	来自生产性服务业的产业间传入溢出效应	来自其他产业的产业间传入溢出效应	产业间反馈效应
制造业	27.78	13.20	11.37	-	2.14	9.23	3.21
低技术制造业	7.11	4.67	1.95	-	0.28	1.67	0.49
中技术制造业	7.53	2.03	4.26	-	0.76	3.49	1.23
高技术制造业	13.15	6.50	5.16	-	1.09	4.07	1.48
生产性服务业	8.10	3.13	4.64	2.12	-	2.52	0.33
批发服务业	1.93	0.98	0.89	0.44	-	0.45	0.06
物流服务业	2.51	0.84	1.56	0.73	-	0.83	0.11
信息服务业	0.99	0.38	0.58	0.23	-	0.35	0.04
金融服务业	1.03	0.35	0.63	0.26	-	0.37	0.04
商务服务业	1.03	0.19	0.79	0.38	-	0.40	0.05
科技服务业	0.60	0.38	0.20	0.08	-	0.12	0.01

表 5-12　2007 年度总产出分解（单位：万亿元）

产业部门或子行业	总产出	产业内乘数效应	产业间传入溢出效应	来自制造业的产业间传入溢出效应	来自生产性服务业的产业间传入溢出效应	来自其他产业的产业间传入溢出效应	产业间反馈效应
制造业	45.19	23.07	16.88	–	2.60	14.28	5.24
低技术制造业	11.10	7.25	2.99	–	0.45	2.54	0.86
中技术制造业	13.32	4.29	6.82	–	0.94	5.88	2.21
高技术制造业	20.77	11.53	7.07	–	1.21	5.86	2.17
生产性服务业	10.83	4.18	6.32	3.03	–	3.29	0.33
批发服务业	2.88	1.46	1.35	0.71	–	0.64	0.07
物流服务业	3.24	0.98	2.15	1.00	–	1.15	0.11
信息服务业	1.00	0.51	0.47	0.19	–	0.28	0.02
金融服务业	1.95	0.67	1.22	0.56	–	0.66	0.06
商务服务业	1.18	0.42	0.72	0.36	–	0.36	0.04
科技服务业	0.58	0.14	0.42	0.21	–	0.21	0.02

表 5-13　2010 年度总产出分解（单位：万亿元）

产业部门或子行业	总产出	产业内乘数效应	产业间传入溢出效应	来自制造业的产业间传入溢出效应	来自生产性服务业的产业间传入溢出效应	来自其他产业的产业间传入溢出效应	产业间反馈效应
制造业	67.83	35.47	24.11	–	3.32	20.79	8.25
低技术制造业	16.00	10.23	4.34	–	0.63	3.71	1.44
中技术制造业	19.04	5.92	9.70	–	1.12	8.59	3.42
高技术制造业	32.78	19.32	10.06	–	1.57	8.49	3.40
生产性服务业	17.53	5.98	11.06	5.50	–	5.55	0.49
批发服务业	4.30	2.05	2.15	1.19	–	0.96	0.10
物流服务业	4.93	0.83	3.92	1.85	–	2.07	0.17
信息服务业	1.69	0.96	0.69	0.30	–	0.40	0.03
金融服务业	3.23	0.98	2.15	1.02	–	1.12	0.10
商务服务业	2.18	0.79	1.33	0.71	–	0.62	0.06
科技服务业	1.21	0.36	0.81	0.43	–	0.38	0.04

表 5-14　2012 年度总产出分解(单位：万亿元)

产业部门或子行业	总产出	产业内乘数效应	产业间传入溢出效应	来自制造业的产业间传入溢出效应	来自生产性服务业的产业间传入溢出效应	来自其他产业的产业间传入溢出效应	产业间反馈效应
制造业	81.83	42.28	30.33	-	5.32	25.01	9.23
低技术制造业	20.23	13.07	5.47	-	0.94	4.54	1.69
中技术制造业	23.66	6.61	13.09	-	1.93	11.16	3.97
高技术制造业	37.94	22.60	11.77	-	2.45	9.32	3.56
生产性服务业	27.76	10.26	16.52	7.93	-	8.59	0.97
批发服务业	7.22	3.25	3.75	2.10	-	1.65	0.22
物流服务业	6.20	1.81	4.13	2.06	-	2.07	0.25
信息服务业	2.51	1.69	0.78	0.26	-	0.52	0.04
金融服务业	5.90	1.59	4.07	1.70	-	2.37	0.24
商务服务业	3.44	0.97	2.33	1.14	-	1.20	0.14
科技服务业	2.49	0.95	1.46	0.67	-	0.78	0.08

表 5-15　2015 年度总产出分解(单位：万亿元)

产业部门或子行业	总产出	产业内乘数效应	产业间传入溢出效应	来自制造业的产业间传入溢出效应	来自生产性服务业的产业间传入溢出效应	来自其他产业的产业间传入溢出效应	产业间反馈效应
制造业	101. 03	46. 04	44. 85	-	6. 45	38. 41	10. 13
低技术制造业	26. 29	15. 19	8. 72	-	1. 41	7. 30	2. 38
中技术制造业	26. 75	5. 80	17. 53	-	1. 81	15. 72	3. 41
高技术制造业	48. 00	25. 05	18. 61	-	3. 23	15. 38	4. 34
生产性服务业	40. 62	13. 75	25. 44	10. 03	-	15. 41	1. 43
批发服务业	10. 52	4. 66	5. 53	2. 67	-	2. 86	0. 33
物流服务业	8. 14	1. 73	6. 06	2. 41	-	3. 65	0. 35
信息服务业	3. 79	2. 38	1. 34	0. 37	-	0. 97	0. 07
金融服务业	8. 82	2. 34	6. 15	2. 10	-	4. 05	0. 34
商务服务业	6. 03	1. 61	4. 18	1. 75	-	2. 42	0. 25
科技服务业	3. 32	1. 03	2. 18	0. 73	-	1. 45	0. 10

表 5-16　2017 年度总产出分解（单位：万亿元）

产业部门或子行业	总产出	产业内乘数效应	产业间传入溢出效应	来自制造业的产业间传入溢出效应	来自生产性服务业的产业间传入溢出效应	来自其他产业的产业间传入溢出效应	产业间反馈效应
制造业	100.89	49.40	42.99	–	7.16	35.83	8.51
低技术制造业	26.70	16.91	8.00	–	1.50	6.50	1.79
中技术制造业	26.19	6.65	16.58	–	2.01	14.58	2.95
高技术制造业	48.00	25.83	18.40	–	3.65	14.75	3.76
生产性服务业	49.22	18.73	28.70	11.09	–	17.61	1.78
批发服务业	11.59	4.23	6.91	3.30	–	3.60	0.45
物流服务业	10.26	3.33	6.50	2.79	–	3.71	0.42
信息服务业	5.65	3.68	1.85	0.56	–	1.29	0.11
金融服务业	9.43	3.13	5.94	1.85	–	4.09	0.36
商务服务业	7.18	1.94	4.92	1.95	–	2.98	0.32
科技服务业	5.10	2.41	2.58	0.64	–	1.94	0.11

表 5-17　2018 年度总产出分解（单位：万亿元）

产业部门或子行业	总产出	产业内乘数效应	产业间传入溢出效应	来自制造业的产业间传入溢出效应	来自生产性服务业的产业间传入溢出效应	来自其他产业的产业间传入溢出效应	产业间反馈效应
制造业	106.55	50.40	47.80	–	8.01	39.79	8.34
低技术制造业	26.10	15.48	8.94	–	1.68	7.26	1.68
中技术制造业	29.82	7.52	19.18	–	2.38	16.81	3.11
高技术制造业	50.63	27.41	19.68	–	3.96	15.72	3.55
生产性服务业	57.01	21.75	33.12	11.88	–	21.24	2.13
批发服务业	13.39	4.78	8.05	3.61	–	4.45	0.55
物流服务业	11.26	3.52	7.25	2.93	–	4.32	0.49
信息服务业	6.95	4.19	2.59	0.70	–	1.89	0.17
金融服务业	10.82	3.89	6.53	1.88	–	4.65	0.41
商务服务业	8.37	2.32	5.68	2.07	–	3.61	0.38
科技服务业	6.21	3.06	3.02	0.69	–	2.34	0.13

表 5-18　2020 年度总产出分解(单位：万亿元)

产业部门或子行业	总产出	产业内乘数效应	产业间传入溢出效应	来自制造业的产业间传入溢出效应	来自生产性服务业的产业间传入溢出效应	来自其他产业的产业间传入溢出效应	产业间反馈效应
制造业	109. 19	49. 69	51. 46	-	9. 60	41. 86	8. 04
低技术制造业	27. 03	15. 57	9. 75	-	2. 00	7. 75	1. 70
中技术制造业	30. 34	7. 37	20. 09	-	2. 75	17. 34	2. 88
高技术制造业	51. 82	26. 74	21. 62	-	4. 85	16. 77	3. 46
生产性服务业	66. 06	27. 00	36. 36	12. 28	-	24. 08	2. 70
批发服务业	14. 99	5. 39	8. 89	3. 80	-	5. 09	0. 71
物流服务业	11. 99	4. 10	7. 32	2. 83	-	4. 48	0. 58
信息服务业	9. 65	6. 26	3. 15	0. 83	-	2. 32	0. 23
金融服务业	12. 29	4. 80	6. 99	1. 87	-	5. 12	0. 50
商务服务业	9. 63	2. 63	6. 49	2. 24	-	4. 25	0. 50
科技服务业	7. 51	3. 81	3. 53	0. 72	-	2. 81	0. 17

表 5-19 各年度制造业、生产性服务业其子行业产出结构特征(单位:%)

产业部门或子行业	2002 年	2005 年	2007 年	2010 年	2012 年	2015 年	2017 年	2018 年	2020 年
制造业	27.52,72.48	47.52,52.48	51.06,48.94	52.29,47.71	51.66,48.34	45.57,54.43	48.96,51.04	47.31,52.69	45.51,54.49
低技术制造业	62.75,37.25	65.70,34.30	65.34,34.66	63.91,36.09	64.59,35.41	57.79,42.21	63.35,36.65	59.30,40.70	57.62,42.38
中技术制造业	-48.86,148.86	27.02,72.98	32.21,67.79	31.09,68.91	27.91,72.09	21.70,78.30	25.41,74.59	25.22,74.78	24.30,75.70
高技术制造业	46.51,53.49	49.42,50.58	55.52,44.48	58.94,41.06	59.58,40.42	52.19,47.81	53.82,46.18	54.13,45.87	51.61,48.39
生产性服务业	41.11,58.89	38.65,61.35	38.57,61.43	34.11,65.89	36.96,63.04	33.86,66.14	38.06,61.94	38.16,61.84	40.87,59.13
批发服务业	50.73,49.27	50.79,49.21	50.65,49.35	47.61,52.39	44.99,55.01	44.29,55.71	36.53,63.47	35.73,64.27	35.96,64.04
物流服务业	33.35,66.65	33.29,66.71	30.18,69.82	16.91,83.09	29.25,70.75	21.27,78.73	32.49,67.51	31.26,68.74	34.18,65.82
信息服务业	73.56,26.44	38.10,61.90	51.15,48.85	57.13,42.87	67.35,32.65	62.85,37.15	65.15,34.85	60.32,39.68	64.90,35.10
金融服务业	-27.89,127.89	34.51,65.49	34.29,65.71	30.50,69.50	26.94,73.06	26.49,73.51	33.21,66.79	35.91,64.09	39.06,60.94
商务服务业	-40.82,140.82	18.63,81.37	35.68,64.32	36.10,63.90	28.12,71.88	26.67,73.33	26.98,73.02	27.65,72.35	27.35,72.65
科技服务业	66.41,33.59	64.53,35.47	23.95,76.05	30.13,69.87	38.25,61.75	31.21,68.79	47.30,52.70	49.21,50.79	50.76,49.24

注：每个单元有两项数据，分别是产业内部效应和外部关联效应在总产出中的比例。

表 5-20　各年度其余产业对制造业、生产性服务业及其子行业的产业关联效应比例（单位：%）

产业部门或子行业	2002 年	2005 年	2007 年	2010 年	2012 年	2015 年	2017 年	2018 年	2020 年
制造业	59. 58	33. 23	31. 60	30. 64	30. 57	38. 01	35. 51	37. 35	38. 33
低技术制造业	29. 18	23. 46	22. 84	23. 16	22. 41	27. 78	24. 35	27. 84	28. 67
中技术制造业	131. 15	46. 43	44. 14	45. 09	47. 16	58. 79	55. 65	56. 37	57. 13
高技术制造业	40. 63	30. 96	28. 23	25. 90	24. 56	32. 04	30. 73	31. 05	32. 37
生产性服务业	43. 79	31. 14	30. 41	31. 68	30. 95	37. 92	35. 79	37. 26	36. 45
批发服务业	35. 69	23. 19	22. 20	22. 36	22. 83	27. 17	31. 09	33. 21	33. 95
物流服务业	50. 47	33. 15	35. 48	42. 07	33. 47	44. 88	36. 21	38. 33	37. 38
信息服务业	21. 41	35. 04	27. 65	23. 43	20. 65	25. 61	22. 90	27. 15	24. 08
金融服务业	92. 78	36. 01	33. 76	34. 78	40. 21	45. 93	43. 36	42. 92	41. 65
商务服务业	101. 94	39. 09	30. 56	28. 64	34. 75	40. 15	41. 46	43. 12	44. 18
科技服务业	24. 41	19. 78	36. 09	31. 18	31. 40	43. 70	37. 92	37. 61	37. 43

表 5-21　各年度从制造业到生产性服务业及其子行业的产业关联效应（单位：万亿元）

产业部门或子行业	2002 年	2005 年	2007 年	2010 年	2012 年	2015 年	2017 年	2018 年	2020 年
生产性服务业	0.10,0.09,0.01	2.12,1.90,0.22	3.03,2.79,0.24	5.50,5.01,0.49	7.93,7.21,0.73	10.03,8.99,1.04	11.09,10.12,0.97	11.88,10.82,1.06	12.28,11.16,1.12
批发服务业	0.03,0.03,0.00	0.44,0.40,0.04	0.71,0.66,0.05	1.19,1.09,0.10	2.10,1.94,0.16	2.67,2.43,0.24	3.30,3.06,0.24	3.61,3.34,0.27	3.80,3.51,0.29
物流服务业	0.04,0.03,0.00	0.73,0.65,0.08	1.00,0.92,0.08	1.85,1.68,0.17	2.06,1.87,0.19	2.41,2.16,0.25	2.79,2.56,0.23	2.93,2.69,0.24	2.83,2.59,0.24
信息服务业	0.01,0.00,0.00	0.23,0.20,0.03	0.19,0.17,0.02	0.30,0.27,0.03	0.26,0.23,0.03	0.37,0.32,0.05	0.56,0.50,0.06	0.70,0.62,0.08	0.83,0.73,0.10
金融服务业	0.02,0.02,0.00	0.26,0.23,0.03	0.56,0.51,0.05	1.02,0.93,0.10	1.70,1.52,0.18	2.10,1.85,0.25	1.85,1.65,0.20	1.88,1.67,0.21	1.87,1.65,0.21
商务服务业	0.01,0.01,0.00	0.38,0.35,0.04	0.36,0.33,0.03	0.71,0.65,0.06	1.14,1.04,0.10	1.75,1.58,0.18	1.95,1.77,0.17	2.07,1.88,0.19	2.24,2.03,0.21
科技服务业	0.00,0.00,0.00	0.08,0.07,0.01	0.21,0.19,0.02	0.43,0.40,0.04	0.67,0.61,0.06	0.73,0.66,0.07	0.64,0.58,0.06	0.69,0.61,0.07	0.72,0.65,0.07

注：每个单元有三项数据，分别是产业关联效应、直接产业关联效应和间接产业关联效应。

表 5-22　各年度从制造业到生产性服务业及其子行业的产业关联贡献（单位：%）

产业部门或子行业	2002 年	2005 年	2007 年	2010 年	2012 年	2015 年	2017 年	2018 年	2020 年
生产性服务业	10.75	26.19	27.96	31.39	28.58	24.70	22.53	20.84	18.59
批发服务业	9.89	22.71	24.63	27.72	29.12	25.40	28.50	26.96	25.38
物流服务业	11.27	29.05	30.92	37.55	33.26	29.61	27.19	26.04	23.62
信息服务业	3.40	22.88	18.80	17.64	10.32	9.75	9.91	10.14	8.58

续表

产业部门或子行业	2002 年	2005 年	2007 年	2010 年	2012 年	2015 年	2017 年	2018 年	2020 年
金融服务业	25.10	25.36	28.67	31.72	28.79	23.75	19.59	17.37	15.18
商务服务业	29.15	37.08	30.55	32.47	33.09	29.09	27.11	24.68	23.23
科技服务业	6.57	13.51	36.23	35.72	27.05	22.02	12.60	11.06	9.54

表 5-23　各年度从制造业到生产性服务业及其子行业的产业关联系数

产业部门或子行业	2002 年	2005 年	2007 年	2010 年	2012 年	2015 年	2017 年	2018 年	2020 年
生产性服务业	0.3729	0.3323	0.2989	0.3547	0.4139	0.4767	0.4625	0.4849	0.4967
批发服务业	0.1121	0.0688	0.0701	0.0769	0.1096	0.1270	0.1378	0.1473	0.1538
物流服务业	0.1372	0.1143	0.0989	0.1193	0.1075	0.1146	0.1163	0.1197	0.1146
信息服务业	0.0184	0.0357	0.0186	0.0192	0.0135	0.0176	0.0234	0.0288	0.0335
金融服务业	0.0648	0.0408	0.0551	0.0660	0.0887	0.0996	0.0771	0.0767	0.0755
商务服务业	0.0252	0.0600	0.0355	0.0456	0.0594	0.0834	0.0812	0.0844	0.0904
科技服务业	0.0153	0.0126	0.0206	0.0278	0.0352	0.0347	0.0268	0.0280	0.0290

表 5-24　各年度从生产性服务业到制造业及其子行业的产业关联效应(单位：万亿元)

产业部门或子行业	2002 年	2005 年	2007 年	2010 年	2012 年	2015 年	2017 年	2018 年	2020 年
制造业	0.19,0.15,0.03	2.14,1.69,0.45	2.60,2.07,0.53	3.32,2.62,0.70	5.32,4.24,1.07	6.45,5.19,1.26	7.16,6.04,1.12	8.01,6.78,1.23	9.60,8.18,1.42
低技术制造业	0.02,0.02,0.00	0.28,0.23,0.06	0.45,0.38,0.07	0.63,0.53,0.11	0.94,0.77,0.16	1.41,1.15,0.26	1.50,1.29,0.20	1.68,1.46,0.22	2.00,1.73,0.27
中技术制造业	0.07,0.05,0.02	0.76,0.58,0.19	0.94,0.70,0.24	1.12,0.81,0.31	1.93,1.41,0.51	1.81,1.33,0.47	2.01,1.57,0.44	2.38,1.87,0.51	2.75,2.19,0.57
高技术制造业	0.10,0.08,0.01	1.09,0.89,0.20	1.21,0.99,0.21	1.57,1.29,0.28	2.45,2.06,0.40	3.23,2.70,0.53	3.65,3.18,0.47	3.96,3.45,0.50	4.85,4.25,0.59

注：每个单元有三项数据，分别是产业关联效应、直接产业关联效应和间接产业关联效应。

表 5-25　各年度从生产性服务业到制造业及其子行业的产业关联贡献(单位:%)

产业部门或子行业	2002 年	2005 年	2007 年	2010 年	2012 年	2015 年	2017 年	2018 年	2020 年
制造业	10.11	7.70	5.76	4.89	6.50	6.38	7.09	7.52	8.79
低技术制造业	4.53	3.97	4.07	3.96	4.63	5.38	5.60	6.42	7.41
中技术制造业	15.58	10.15	7.08	5.86	8.14	6.75	7.67	7.97	9.07
高技术制造业	10.11	8.32	5.81	4.78	6.47	6.72	7.61	7.82	9.35

表 5-26　各年度从生产性服务业到制造业及其子行业的产业关联系数

产业部门或子行业	2002 年	2005 年	2007 年	2010 年	2012 年	2015 年	2017 年	2018 年	2020 年
制造业	0.6626	0.8113	0.7504	0.6742	0.6745	0.6233	0.5129	0.5017	0.4902
低技术制造业	0.0694	0.1071	0.1304	0.1288	0.1188	0.1367	0.1072	0.1050	0.1022
中技术制造业	0.2440	0.2896	0.2721	0.2267	0.2444	0.1746	0.1439	0.1489	0.1406
高技术制造业	0.3492	0.4146	0.3479	0.3186	0.3113	0.3120	0.2617	0.2478	0.2474

第三节 结果讨论与分析

通过以上表格的数据观察和比较，可以得到以下结果。

对于我国的制造业而言：1. 自 2005 年以来，其产业内部效应和外部关联效应一直保持在 1∶1 左右，即制造业的自生能力对其总产值的影响与制造业的外部关联效应大体一致(见图 5-1-a)；2. 从生产性服务业到制造业的产业关联效应从 2002 年的 0.19 万亿元稳步增长到 2020 年的 9.60 万亿元，其中直接产业关联效应从 0.15 万亿元增长到 8.18 万亿元，间接产业关联效应从 0.03 万亿元增长到 1.42 万亿元(见图 5-1-b)；3. 2002 年至 2020 年期间，从生产性服务业到制造业的产业关联贡献先是下降，然后整体上升(见图 5-1-c)；4. 2005 年以来，从生产性服务业到制造业的产业关联系数整体上呈下降趋势，其中 2020 年的产业关联系数较 2005 年下降了约 40%(见图 5-1-d)；5. 在制造业各子行业中，从生产性服务业到高技术制造业的产业关联效应和产业关联系数最大，其次是中技术制造业和低技术制造业，而从生产性服务业到中技术制造业的产业关联贡献最大，其次是高技术制造业和低技术制造业(见表 5-27)。同理，2002—2020 年，高技术制造业、中技术制造业和低技术制造业四类指数的变化趋势也可以得出相应的结论。

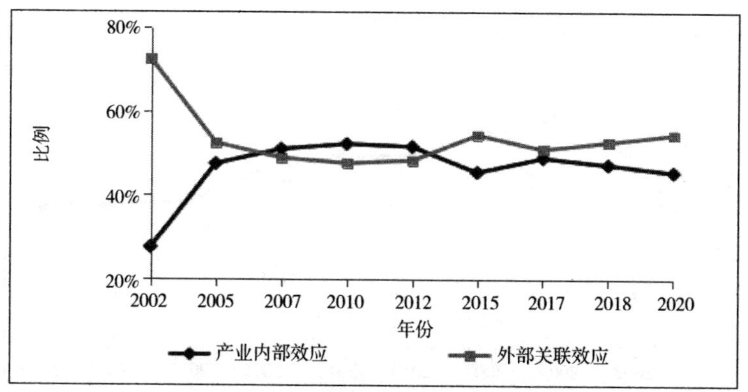

图 5-1-a 制造业的产业内部效应和外部关联效应的比例

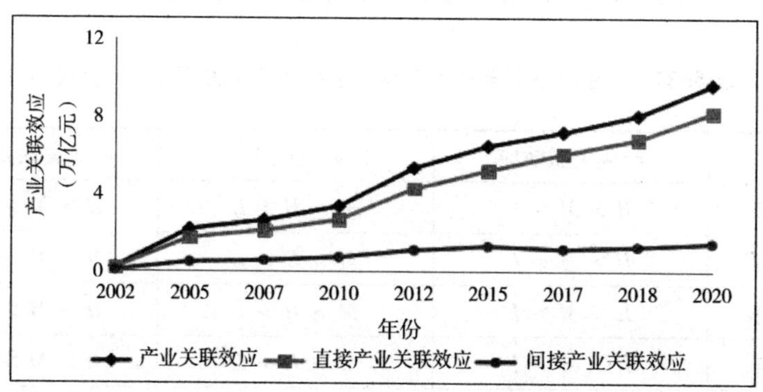

图 5-1-b 从生产性服务业到制造业的产业关联效应

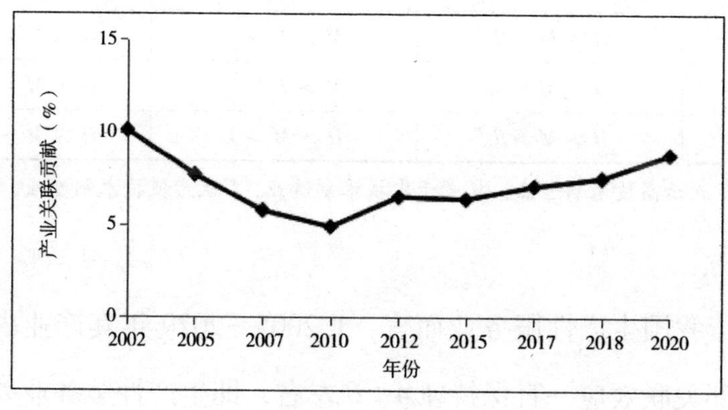

图 5-1-c 从生产性服务业到制造业的产业关联贡献

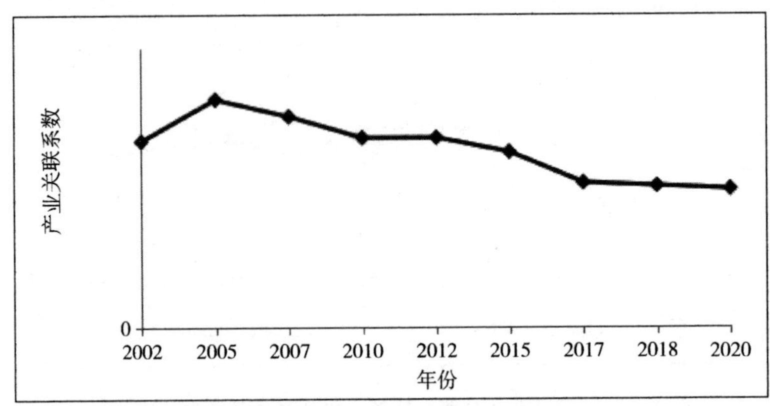

图 5-1-d 从生产性服务业到制造业的产业关联系数

表 5-27 从生产性服务业到制造业子行业产业关联的综合比较

年度	产业关联效应	产业关联贡献	产业关联系数
2002 年	$H > M > L$	$M > H > L$	$H > M > L$
2005 年	$H > M > L$	$M > H > L$	$H > M > L$
2007 年	$H > M > L$	$M > H > L$	$H > M > L$
2010 年	$H > M > L$	$M > H > L$	$H > M > L$
2012 年	$H > M > L$	$M > H > L$	$H > M > L$
2015 年	$H > M > L$	$M > H > L$	$H > M > L$
2017 年	$H > M > L$	$M > H > L$	$H > M > L$
2018 年	$H > M > L$	$M > H > L$	$H > M > L$
2020 年	$H > M > L$	$H > M > L$	$H > M > L$

注：H 表示高技术制造业，M 表示中技术制造业，L 表示低技术制造业，$>$ 表示优于。

对于我国生产性服务业而言：1. 2005—2020 年其产业内部效应和外部关联效应一直保持在 4 : 6 左右，即生产性服务业外部关联效应和是推动总产值发展的主要因素，而生产性服务业自生能力的影响则是次要因素(见图 5-2-a);2. 从制造业到生产性服务业的产业关联效应从 2002 年的 0.10 万亿元稳步增长到 2020 年的 12.28 万亿元,其中产业直接关联效应从 0.09 万亿元增长到 11.16 万亿元,产业间接关联效应从 0.01 万亿元增长到 1.12 万亿元(见图 5-2-b);3. 2002—2020 年,从制造业到生产性服务业的产业关联贡献先上升后下降,峰值点出现在 2010 年(见图 5-2-c);4. 2002—2007 年,从制造业到生产性服务业的产业关联系数先是小幅下降,2007—2020 年整体上有所上升(见图 5-2-d);5. 在生产性服务业各子行业中,从制造业到批发服务业或物流服务业的产业关联效应和系数相对较高,到信息服务业或科技服务业的产业关联效应和系数相对较低,而从制造业到批发服务业、商务服务业、物流服务业的产业关联贡献相对较高,到信息服务业的产业关联贡献相对较低(见表 5-28)。同理,从 2002—2020 年

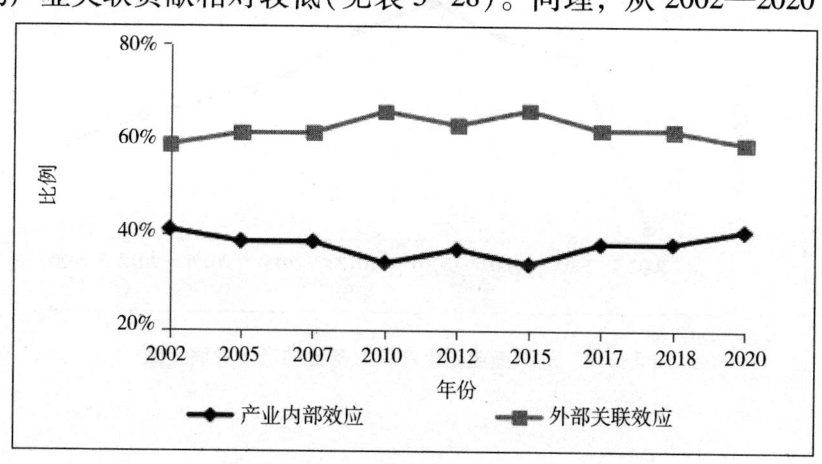

图 5-2-a 生产性服务业的产业内部效应和外部关联效应的比例

批发服务业、物流服务业、信息服务业、金融服务业、商务服务业和科技服务业四类指数的变化趋势也可以得出相应的结论。

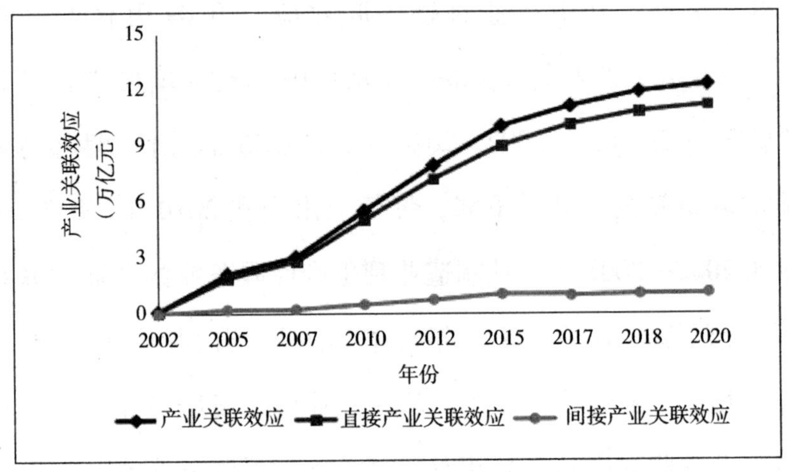

图 5-2-b　从制造业到生产性服务业的产业关联效应

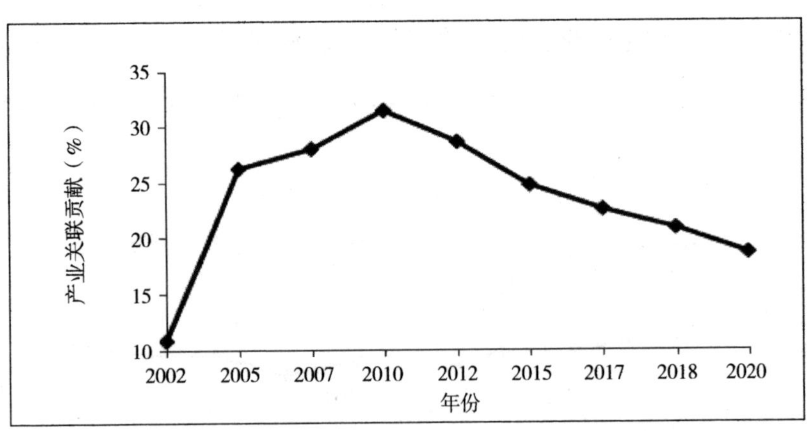

图 5-2-c　从制造业到生产性服务业的产业关联贡献

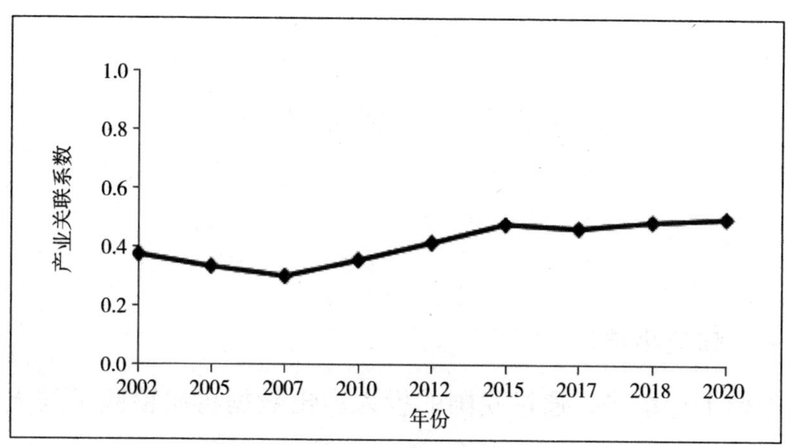

图 5-2-d　从制造业到生产性服务业的产业关联系数

表 5-28　从制造业到生产性服务业子行业产业关联的综合比较

年度	产业关联效应	产业关联贡献	产业关联系数
2002 年	L>W>F>B>I>T	B>F>L>W>T>I	L>W>F>B>I>T
2005 年	L>W>B>F>I>T	B>L>F>I>W>T	L>W>B>F>I>T
2007 年	L>W>F>B>T>I	T>L>B>F>W>I	L>W>F>B>T>I
2010 年	L>W>F>B>T>I	L>T>B>F>W>I	L>W>F>B>T>I
2012 年	W>L>F>B>T>I	L>B>W>F>T>I	W>L>F>B>T>I
2015 年	W>L>F>B>T>I	L>B>W>F>T>I	W>L>F>B>T>I
2017 年	W>L>B>F>T>I	W>L>B>F>T>I	W>L>B>F>T>I
2018 年	W>L>B>F>I>T	W>L>B>F>T>I	W>L>B>F>I>T
2020 年	W>L>B>F>I>T	W>L>B>F>T>I	W>L>B>F>I>T

注：W 表示批发服务业，L 表示物流服务业，I 表示信息服务业，F 表示金融服务业，B 表示商务服务业，T 表示科技服务业，> 表示优于。

第四节　小结与启示

一、研究小结

根据上述结果，通过我国的投入产出数据再次检验了与人们认知模式一致的四个流行观点。第一，与间接产业关联效应相比，制造业与生产性服务业的直接产业关联效应占压倒性优势，占总产业关联效应的70%~90%。第二，大多数时候，制造业的自生能力大多明显强于生产性服务业，即制造业的产业内部效应对总产值的影响明显大于生产性服务业。第三，在生产性服务业与制造业各子行业的产业关联中，与中高技术制造业的产业关联明显强于与低技术制造业的产业关联。第四，生产性服务单位最终需求所引起的制造业产出大于生产性服务单位最终需求所引起的制造业产出，即从生产性服务业到制造业的产业关联系数高于从制造业到生产性服务业的产业关联系数。

此外，上述结果还可以得出我国制造业和生产性服务业的一些独特的本地特征，我们认为这些特征有助于政策制定者和学者们更好地评估和认知我国两个关键产业部门的发展状况。

（一）与其余产业对制造业或生产性服务业的产业关联效应相比，我国制造业与生产性服务业的产业关联效应总体不强。虽然从生产性服务业到制造业的产业关联效应不断增强，从 2002 年的 0. 19 万亿元到 2020 年的 9. 60 万亿元，但从生产性服务业到制造业的产业关联贡献大多低于 10%，均远小于从其余产业到制造业的产业关联。尽管 2007 年以来，从制造业到生产性服务业的产业关联效应和贡献始终高于从生产性服务业到制造业的产业关联效应和贡献，但它们仍然小于从其余产业到生产性服务业的产业关联。实证结果表明，我国其余产业对制造业或生产性服务业的影响都非常显著，占外部关联效应的主要或绝大部分。如果仅用两部门模式分析制造业与生产性服务业的产业关联，而忽视其余产业的作用，将大大削弱结论的适用性。

（二）制造业与批发服务业、物流服务业的产业关联相对较强，而与信息服务业、科技服务业业的产业关联相对较弱。2002—2020 年，从制造业到批发服务业和物流服务业的产业关联效应和系数始终是从制造业到生产性服务业子行业中的前两位。从制造业到物流服务业的产业关联贡献在从制造业到生产性服务业子行业中排在前列，从制造业到批发服务业的产业关联贡献排名则整体呈上升趋势，2017 年以后一直位居第一。相反，在大多数年份，从制造业到信息服务业和科技服务业的产业关联度在从制造业到生产性服务子行业中表现最差。由于信息服务业和科技服务业的劳动生产率通常高于批发服务和物流服务，因此实证结果表明，在中国，来自制造业的拉动力量在低层次的生产性服务业领域更为显著，制造业与生产性服务业之间的产业关联演进仍处于初级阶段。

（三）从整体上看，2002—2020年前半段，我国制造业的发展速度快于生产性服务业，但在后半期却发生了逆转。2002—2007年，不仅制造业总产值的增长快于生产性服务业，而且从制造业到生产性服务业的产业关联效应的增长也快于从生产性服务业到制造业的增长，2007—2010年，虽然制造业总产值的增长不再快于生产性服务的增长，但从制造业到生产性服务的产业关联效应的增长仍然快于从生产性服务业到制造业的增长，但在2010—2020年，生产性服务业总产值的增速始终快于制造业，且大部分时间生产性服务业对制造业的产业关联效应增速也快于制造业对生产性服务业的产业关联效应增速。

（四）2010年以后，虽然制造业整体发展速度放缓，对生产性服务业总产值的贡献减弱，但从制造业到生产性服务业的产业关联系数有所提高，表明我国制造业的增长方式正在从规模扩张向质量提升转变。相反，虽然生产性服务业整体发展速度加快，对制造业总产值的贡献率上升，但生产性服务业对制造业的产业关联系数却逐年下降，说明我国生产性服务业正处于重数量、轻质量的快速发展阶段，生产性服务业的发展尚不能跟上制造业由低端向高端转变的步伐。

二、政策启示

在上述讨论的基础上，从产业关联的角度，我们提出以下政策建议，旨在促进我国制造业与生产性服务业的发展和融合水平。

首先，要进一步加强对制造业的生产服务支持，特别是对低技术制造业和中技术制造业的生产服务支持。长期以来，中低技术制造业产值之和占我国制造业总产值的主要部分，约为 60%。实证结果显示，2002—2020 年，在我国制造业的三个子行业中，从生产性服务业到低技术制造业的产业关联效应始终处于底部，从生产性服务业到中技术制造业的产业关联效应和系数也明显低于从生产性服务业到高技术制造业的关联效应和系数。因此，一方面，我国产业政策主管部门应积极鼓励高技术制造业的发展，大力提高高技术制造业的比重；另一方面，针对我国工业化升级的趋势，也应加快中低技术制造业的服务化改造步伐，继续增强生产性服务业对其的支持作用，以利于提高整个制造业的生产效率和产品质量。

其次，还要提高制造业对信息服务和科技服务业的需求。信息服务业和科技服务业的产出之和占我国生产性服务业总产出的比重不到 20%。实证结果显示，2002—2020 年，在生产性服务业的六个子行业中，从制造业到信息服务业和科技服务业的产业关联大多处于倒数两位。因此，我国产业政策主管部门不仅要优先鼓励信息服务业和科技服务业的发展，还要加快数字化、科技化的步伐，推动信息技术和各种新技术在制造业中的广泛应用。

最后，要高度关注近年来生产性服务业与制造业的产业关联系数呈下降趋势。实证结果显示，自 2005 年以来，生产性服务业对制造业的产业关联系数从 0.8113 持续下降到 2020 年的 0.4902，说明生产性服务业对制造业产出的单位最终需求的诱导作用在不断下降。这种情况与 2002 年至 2007 年期间制造业的表现类似，产值增长保持较高的水平，但从自身到其他工业部门的产业关联系数持续下降。因此，我国产业政策主管部门不仅要大力普及高质量和可持续发展的理念，还要采取诸如促进生产性服务业产业集聚程度等措施，以防止其进一步下降。

第六章　研究总结与展望

第一节　研究总结

本研究主要开展了两项工作：

第一，基于 Malmquist-DEA 法和近十余年的行业统计数据，计算了我国京津冀地区和长三角地区制造业与生产性服务业的全要素生产率，并根据结果开展省际比较分析。研究发现：1. 京津冀地区制造业全要素生产率年均增长率高于长三角地区，但其制造业全要素生产率整体波动变化情况也较长三角地区更为明显；2. 京津冀地区和长三角地区生产性服务业具有相同水平的增长效率，但在 2004—2010 年前半段时期京津冀地区表现更优，而在 2011—2016 年后半段时期长三角地区表现更佳；3. 只有上海和北京的制造业属于效率型增长，江苏、浙江和河北仍然属于投入型增长，天津则介于两者之间；4. 技术进步是驱动京津冀和长三角地区以及六省市生产性服务业全要素生产率提升的主要因素，而相对较弱的技术利用能力则制约了其全要素生产率的进一步提升；(5)两地区六省市在不同行业领域表现各异，短板行业不尽相同。[76][77]

第二，基于需求驱动的多部门投入产出模型，定量测算了我国制造业与生产性服务业的产业关联，其中采用产业关联效应、产业关联比例和产业关联系数作为测算指标，与基于列昂惕夫逆矩阵或类似系数矩阵的产业关联经典测算相比，具有一些明显的优势。根据实证结果，我们不仅发现了一些与认知规律相一致的观点，也发现了我国制造业与生产性服务业的一些独特的地方特征，包括制造业与生产性服务业的产业关联总体上并不紧密，信息服务业和科技服务业是生产性服务业各子行业中的主要薄弱环节，中低技术制造业是制造业各子行业中的主要薄弱环节。2002—2020 年前半段，制造业的发展速度快于生产性服务业，但在后半段出现了逆转。2010 年以后，我国制造业的增长模式正在从规模扩张向质量提升转变，而我国生产性服务业仍处于重数量而轻质量的阶段。

总体而言，我们认为本研究有助于政策制定者和相关利益相关者更好地理解制造业与生产性服务业的彼此发展特征以及两者之间的相互关联性和依存性，有助于识别不同地区和不同产业的关键薄弱环节，从而指导我们如何提高经济体系的均衡发展水平。

第二节 研究展望

制造业与生产性服务业是国民经济中非常重要的两大产业，限于本研究的焦点，仅以京津冀、长三角地区的生产效率和我国两大产业之间的产业关联进行了定量研究。今后的研究可以关注以下方面：

一、不同方法的应用比较。本研究在计算全要素生产率时，采用非参数法思路，运用 Malmquist-DEA 法进行求解。未来研究可采用诸如随机前沿生产函数法进行验证计算，比较两种方法之间的结果差异。同样，本书在计算产业关联时，采用投入产出分析思路，以需求端视角，借鉴空间投入产出分解方法，将不同产业部门或子行业的总产出进行类似分解。未来的研究可综合考虑需求端和供给端，并从就业、资源消耗、技术冲击等总产出以外的领域分析产业关联。

二、多个区域的应用。由于我国制造业与生产性服务业在不同区域的发展并不均衡，对发展差异较大的区域进行比较研究的现实指导意义有限。为此，本研究仅选择我国工业化进程相对领先、制造业与生产性服务业较为发达且发展阶段较为相近的京津冀地区和长三角地区作为研究对象，且在分析产业关联时以全国为研究对象。随着我国区域协调发展进程的推进，未来研究可以在更大或更具体的空间范围对我国不同层级的区域开展应用研究。

三、生产效率与产业关联效应之间的影响分析。限于研究时间等因素约束，本研究并未对生产效率与产业关联效应之间的影响开展分析。当前有关制造业与生产性服务业生产效率的影响因素分析已相对较为充分，而产业关联效应是否对生产效率产生显著影响以及具体的影响机制路径，目前仍是一个待探索的问题，未来可以开展进一步的理论和实证分析。

参考文献

[1]国家统计局.2018年中国统计年鉴[M].北京：中国统计出版社，2018.

[2]乔晓楠，杨成林.去工业化的发生机制与经济绩效：一个分类比较研究[J].中国工业经济，2013(6).

[3]PIEPER U. Deindustrialization and the Social and Economic Sustainability Nexus in Developing Countries：Cross-Country Evidence on Productivity and Employment [J]. The Journal of Development Studies，2000，36(4).

[4]CHESNOKOVA T. Immiserizing deindustrialization：a dynamic trade model with credit constraints[J]. Journal of International Economics，2007，73(2).

[5]HARAGUCHI N，CHENG C F C，SMEETS E. The Importance of Manufacturing in Economic Development：Has This Changed? [J]. World Development，2017，93.

[6]易纲，樊纲，李岩.关于中国经济增长与全要素生产率的理论思考[J].经济研究，2003(8).

[7]林毅夫，任若恩．东亚经济增长模式相关争论的再探讨[J]．经济研究，2007(8)．

[8]郑玉歆．全要素生产率的再认识：用 TFP 分析经济增长质量存在的若干局限[J]．数量经济技术经济研究，2007(9)．

[9]郭庆旺，贾俊雪．中国全要素生产率的估算：1979—2004[J]．经济研究，2005(6)．

[10] FARRELL M J. The Measurement of Productive Efficiency [J]. Journal of the Royal Statistical Society，1957，120(3)．

[11]BATTESE G E，COELLI T J. A model for technical inefficiency effects in a stochastic frontier production function for panel data [J]. Empirical Economics，1995，20(2)．

[12]张乐，曹静．中国农业全要素生产率增长：配置效率变化的引入：基于随机前沿生产函数法的实证分析[J]．中国农村经济，2013(3)．

[13]李胜文，李大胜．中国工业全要素生产率的波动：1986—2005：基于细分行业的三投入随机前沿生产函数分析[J]．数量经济技术经济研究，2008，25(5)．

[14]杨青青，苏秦，尹琳琳．我国服务业生产率及其影响因素分析：基于随机前沿生产函数的实证研究[J]．数量经济技术经济研究，2009(12)．

[15] MALMQUIST S. Index numbers and indifference surfaces [J]. Trabajos De Estadistica，1953，4(2)．

[16]FARE R，GROSSKOPF S，NORRIS M，et al. Productivity Growth，Technical Progress，and Efficiency Change in Industrialized Countries[J]. American Economic Review，1994，84(1).

[17]赵伟，马瑞永，何元庆. 全要素生产率变动的分解：基于 Malmquist 生产力指数的实证分析[J]. 统计研究，2005，22(7).

[18]屈小娥. 中国省际全要素能源效率变动分解：基于 Malmquist 指数的实证研究[J]. 数量经济技术经济研究，2009(8).

[19]方福前，张艳丽. 中国农业全要素生产率的变化及其影响因素分析：基于 1991—2008 年 Malmquist 指数方法[J]. 经济理论与经济管理，2010(9).

[20]傅勇，白龙. 中国改革开放以来的全要素生产率变动及其分解(1978—2006)：基于省际面板数据的 Malmquist 指数分析[J]. 金融研究，2009(7).

[21]BANGA R，GOLDAR B. Contribution of services to output growth and productivity in Indian manufacturing：pre - and post - reforms[J]. Economic and Political weekly，2007.

[22]FRANCOIS J，WOERZ J. Producer services，manufacturing linkages，and trade[J]. Journal of Industry，Competition and Trade，2008，8(3-4).

[23]KE S，HE M，YUAN C. Synergy and co-agglomeration of

producer services and manufacturing: a panel data analysis of Chinese cities[J]. Regional Studies, 2014, 48(11).

[24] KONG L, LIANG X. Research on the Interaction between Producer Services and Manufacturing Industry in Shaanxi Province[J]. American Journal of Industrial and Business Management, 2018, 8(5).

[25] CHIU R H, LIN Y C. The inter-industrial linkage of maritime sector in Taiwan: an input-output analysis[J]. Applied Economics Letters, 2012, 19(4).

[26] MATTIOLI E, LAMONICA G R. The ICT role in the world economy: an input-output analysis[J]. Journal of World Economic Research, 2013, 2(2).

[27] KHANAL B R, GAN C, BECKEN S. Tourism Inter-Industry Linkages in the Lao PDR Economy: An Input-Output Analysis[J]. Tourism Economics, 2014, 20(1).

[28] GUERRA A I, SANCHO F. Measuring energy linkages with the hypothetical extraction method: an application to Spain[J]. Energy Economics, 2010, 32(4).

[29] SAJID M J, SHAHANI N, ALI M. Calculating inter-sectoral carbon flows of a mining sector via hypothetical extraction method[J]. Journal of Mining and Environment, 2019, 10(4).

[30] WANG Y, LIU H, MAO G, et al. Inter-regional and sec-

toral linkage analysis of air pollution in Beijing-Tianjin-Hebei (Jing-Jin-Ji) urban agglomeration of China[J]. Journal of Cleaner Production, 2017, 165.

[31]宋辉. 投入产出技术及大数据分析：经济社会系统复杂联系的破解[M]. 北京：人民出版社, 2018.

[32]LEONTIEF W W. Quantitative input and output relations in the economic systems of the United States[J]. Review of Economics & Statistics, 1936, 18(3).

[33]HIRSCHMAN A O. The Strategy of Economic Development [M]. New Haven: Yale University Press, 1958.

[34]KIEDDROWSKI R. A Turnpike Theorem in the Closed Dynamic Leontief Model With a Singular Matrix of Capital Coefficients [J]. Economic Systems Research, 2001(2).

[35]SILVA M S, LIMA T P. Looking for Nonnegative Solutions of a Leontief Dynamic Model[J]. Linear Algebra and Its Applications, 2003, 364.

[36]WU X M, JIANG L. Computer Analysis Algorithm for Stability of the Extended Dynamic Leontief Input-output Model[R]. Wuhan: International Conference on Computational Intelligence and Natural Computing, 2009.

[37]郭崇慧, 唐焕文. 动态投入产出系统的稳定性分析[J]. 高校应用数学学报, 2002, 17(4).

[38]KALMBACH P, KURZ H D. Micro-electronics and employment: A dynamic input-output study of the West German economy [J]. 1990, 1(2).

[39]范德成，刘希宋. 投入产出模型的动态化[J]. 中国管理科学，2002(5).

[40]ZHOU P, FAN L W, TANG H W. On stability analysis of multiple objective dynamic input-output model[J]. Applied Mathematics & Computation, 2006, 177(1).

[41]DORFMAN R, SAMUELSON P A, SOLOW R M. Linear Programming and Economic Analysis [M]. New York: McGraw Hill, 1958.

[42]那日萨，唐焕文. 一个多目标动态投入产出优化模型及算法[J]. 系统工程理论与实践，1998，18(9)：91-95.

[43]曹庭珠. 投入产出优化模型的发展与创新[J]. 山西财经大学学报，2005，27(2).

[44]李晓，张建平. 东亚产业关联的研究方法与现状：一个国际/国家间投入产出模型的综述[J]. 经济研究，2010(4).

[45]ISARD W, KAVESH R A, KUENNE R E. The Economic Base and Structure of the Urban-Metropolitan Region[J]. American Sociological Review, 1953, 18(3).

[46]MOSES L N. The Stability of Interregional Trading Patterns and Input-Output Analysis[J]. The American Economic Review,

1955，45(5).

[47]MENG B，QU C. Application of the Input-Output Decomposition Technique to China's Regional Economics[C]. Istanbul：The 16th International Input-Output Conference，2007.

[48]MILLER R E，BLAIR P D. Input-Output Analysis：Foundations and Extensions[M]. London：Cambridge University Press，1985.

[49]OOSTERHAVEN J，HOEN A R. Preferences，Technology，Trade and Real Income Changes in the European Union：An Intercountry Decomposition Analysis for 1975 —1985[J]. Annals of Regional Science，1998，32(4).

[50]ANTONELLI C. Localized technological change，new information technology and the knowledge-based economy：the European evidence[J]. Journal of Evolutionary Economics，1998，8(2).

[51]WINDRUM P，TOMLINSON M. Knowledge-intensive Servi ces and International Competit iveness：A Four Country Comparison [J]. Technology Analysis and Strategic Management，1999，11(3).

[52]GUERRIERI P，MELICIANI V. Technology and international competitiveness：the interdependence between manufacturing and producer services[J]. Structural Change and Economic Dynamics，2005，16(4).

[53]申玉铭，邱灵，王茂君，等.中国生产性服务业产业关联效应分析[J].地理学报，2007，62(8).

[54]刘书瀚，张瑞，刘立霞．中国制造业与生产性服务业的产业关联分析[J]．南开经济研究，2010(6).

[55]黄莉芳，黄良文，洪琳琳．基于随机前沿模型的中国生产性服务业技术效率测算及影响因素探讨[J]．数量经济技术经济研究，2011(6).

[56]张亚军，干春晖，郑若谷．制造业与生产性服务业的内生与关联效应：基于投入产出结构分解技术的实证研究[J]．产业经济研究，2014(6)：81-90.

[57]余典范，张亚军．制造驱动还是服务驱动？——基于中国产业关联效应的实证研究[J]．财经研究，2015，41(6).

[58]RAY S C，DESLI E. Productivity Growth，Technical Progress，and Efficiency Change in Industrialized Countries：Comment[J]. American Economic Review，1997，87(5).

[59]FARE R，GROSSKOPF S，NORRIS M，et al. Productivity Growth，Technical Progress，and Efficiency Change in Industrialized Countries：Reply[J]. American Economic Review，1997，87(5).

[60]LOVELL C A K. The Decomposition of Malmquist Productivity Indexes[J]. Journal of Productivity Analysis，2003，20(3).

[61]章祥荪，贵斌威．中国全要素生产率分析：Malmquist 指数法评述与应用[J]．数量经济技术经济研究，2008(6).

[62]江春，吴磊，滕芸．中国全要素生产率的变化：2000—2008[J]．财经科学，2010(7).

[63] SHEPHARD R W. Theory of Cost and Production Functions [M]. Princeton: Princeton University Press, 1970.

[64] MILLER R E. Interregional feedback effects in input-output models: some preliminary results[J]. Papers of the Regional Science Association, 1966, 17(1).

[65] ROUND J I. Decomposing multipliers for economic systems involving regional and world trade[J]. The Economic Journal, 1985, 95(378).

[66] ROUND J I. Compensating feedback Effects in interregional input-output models[J]. Journal of Regional Science, 1978, 19.

[67] ROUND J I. Feedback effects in interregional input-output models: what have we learned? [M]//LAHR M L, DIETZENBACHER E. Input-Output Analysis: Frontiers and Extensions. Palgrave: New York, 2001.

[68]鲁晓东，连玉君．中国工业企业全要素生产率估计：1999—2007[J]. 经济学(季刊)，2012，11(2).

[69]林陟峰，何维达．产能过剩到供给侧改革视角下一般制造业全要素生产率演变研究：以北京为例[J]. 统计与信息论坛，2018，33(2).

[70]原毅军，刘浩，白楠．中国生产性服务业全要素生产率测度：基于非参数 Malmquist 指数方法的研究[J]. 中国软科学，2009 (1).

[71] BROWNING H L, SINGELMANN J. The Emergence of a Service Society: Demographic and Sociological Aspects of the Sectoral Transformation of the Labor Force in the U. S. A. [R]. Austin, TX: Population Research Center, University of Texas at Austin, 1975.

[72] GOODMAN B, STEADMAN R. Services: Business Demand Rivals Consumer Demand in Driving Job Growth [J]. Monthly Labor Review, 2002, 125(4): 3-16.

[73] KOHLI U R. A Gross National Product Function and the Derived Demand for Imports and Supply of Exports [J]. Canadian Journal of Economics, 1978, 11(2).

[74] WU Y. China's capital stock series by region and sector [J]. 中国经济学前沿(英文版), 2015, 11(1).

[75] 王恕立，胡宗彪. 中国服务业分行业生产率变迁及异质性考察[J]. 经济研究, 2012(4).

[76] 刘潇. 京津冀和长三角地区制造业生产效率的比较研究：基于Malmquist-DEA模型的全要素生产率分析[J]. 统计与信息论坛, 2019(7).

[77] 刘潇. 长三角地区生产性服务业增长效率的比较分析[J]. 统计与决策, 2020(13).

后　记

本书是在本人的博士后工作报告基础上修改完成的。2018 年 5 月至 2020 年 9 月，我在浙江大学应用经济学博士后科研流动站从事产业经济领域研究工作，这段工作学习经历给予我的进步与提升让我对一切充满感恩，对浙江大学的情意更是难以言述。感谢合作导师史晋川教授两年来的关心和指导，他开阔宏博的思维视野、独到敏锐的洞察思辨、严谨务实的治学态度无不给我以深刻的影响，今后定会谨记教诲、执善向上、精进不休。感谢前工作单位浙江省经济信息中心对我从事博士后研究的大力支持，虽然现在已转岗到他处，但永远不会忘记那段忙碌充实又颇具意义的工作经历，希望不断的自我提升和躬耕实践能为这片走在前列、勇立潮头的沃土贡献更多的力量。最后，感谢我的家人在我成长提升之路上毫无保留的奉献和付出，你们是我心中永恒的光。

刘潇

2024 年 2 月